父母会沟通，
孩子更优秀

刘　洁◎著

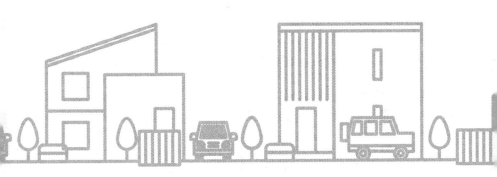

民主与建设出版社
·北京·

图书在版编目（CIP）数据

父母会沟通，孩子更优秀 / 刘洁著. -- 北京：民主与建设出版社，2024.3

ISBN 978-7-5139-4503-5

Ⅰ.①父… Ⅱ.①刘… Ⅲ.①家庭教育 Ⅳ.①G78

中国国家版本馆CIP数据核字（2024）第040992号

父母会沟通，孩子更优秀
FUMU HUI GOUTONG HAIZI GENG YOUXIU

著　　者	刘　洁
责任编辑	彭　现
特约策划	邓敏娜　王雅静
封面设计	MM末末美书 QQ:974364105
版式设计	姚梅桂
出版发行	民主与建设出版社有限责任公司
电　　话	（010）59417747　59419778
社　　址	北京市海淀区西三环中路10号望海楼E座7层
邮　　编	100142
印　　刷	长沙鸿发印务实业有限公司
版　　次	2024年3月第1版
印　　次	2024年6月第1次印刷
开　　本	880毫米×1230毫米　1/32
印　　张	7
字　　数	188千字
书　　号	ISBN 978-7-5139-4503-5
定　　价	39.80元

注：如有印、装质量问题，请与出版社联系。

父母的语言影响孩子一生

感谢您阅读本书！

我曾是一名世界 500 强企业的程序员，后来转换职业成为一名家庭教育工作者，如今，已是一个 13 岁孩子的妈妈。无论是作为一名讲师还是一位母亲，我每天都在不断学习并提升自己。在十年的家庭教育培训经历中，我发现许多家长在育儿过程中遇到很多困扰，除了缺乏时间和精力，更多的是缺乏与孩子沟通的技巧。

作为父母，我们需要认识到自己也曾经是孩子，我们的父母可能没有过多地关注我们的成长和教育，只是重视了我们的基本生活需求。现在，社会环境相比以往已然发生天翻地覆的变化，我们可以并且也愿意为自己的孩子提供更好的成长环境，但是缺乏经验和可效仿的榜样。因此，我们在做父母的这条路上必然困难重重。我们肩负着更大的责任来充分理解孩子，了解他们的感受和需求，为他们提供更全面的教育。

您是否经常发现，当您想与孩子沟通时，本意是想更好地维系亲子关系，引导孩子改正不良习惯，结果却常常出乎意料地变成了一番说教和责备？要改变这种情况，有一些重要的技巧和方法需要我们去掌握。毕竟，说话也是需要不断学习和实践的。

孩子成长过程中，父母的作用是不言而喻的，尤其是父母的语言对孩子有着重要的影响，既可以给孩子以指引、安慰和支持，也可以分担烦忧和分享欢乐。然而，不良的语言习惯和消极语言会对孩子的性格、认知和交流能力产生负面影响，让他们的成长充满困惑和忧伤，导致亲子关系变得糟糕。在暴力语言环境下成长的孩子，极度缺乏爱与安全感，长大后会背着原生家庭的包袱生活一辈子。

因此，作为父母，我们需要掌握积极的语言来给孩子正面的引导，让孩子的童年充满阳光和快乐。我们要学会好好说话，让孩子感受到我们的爱和理解。每个孩子的成长都会遇到挫折与困难，而父母积极的语言会像路灯一样照亮他前行的道路。

本书结合生活中不同场合和情境提供了很多的沟通实例，在指出一些错误做法的同时也给出了正确的示范，希望这些内容能为大家提供一些参考。

沟通不是天生的，而是一项需要后天培养的技能和技巧。只要不断练习，您会发现自己的口才和沟通能力会不断提升。这项技能不仅在亲子关系中很重要，在社交和工作中也非常实用。

如果您想要与孩子建立良好的沟通关系却不知道如何着手，我希望这本书能够启发和帮助您和您的家庭。无论您是即将成为父母还是已经成为父母，本书都会为您提供一些有用的方法，帮助您在引领孩子成长的道路上更加从容和自信。

中国科学院心理所儿童心理学研究生

家庭教育高级指导师

国家认证学习能力指导师

国家二级心理咨询师

儿童注意力训练师

13 年儿童心理教育、7 年亲子阅读与心理辅导经验

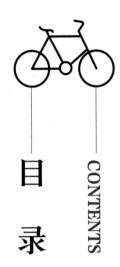

目 录 CONTENTS

第一章

情真意切，走进孩子的内心　001

第二章

温柔坚定，培养孩子好品格　035

第三章

069　张弛有度，培养孩子高情商

第四章

有效鼓励，帮孩子树立信心　103

第五章

145　高效管理，提升孩子学习力

第六章
拓展认知，让孩子干劲十足　179

第一章

情真意切，
走进孩子的内心

认真倾听，敞开心扉听孩子跟我们说

让我们先自我反省一下，孩子从小到大，我们总要求他听话，可我们有好好听过他说话吗？我们是否真的用心倾听并理解孩子说的话？

倾听，是用心去听，是发自内心想听懂孩子说的话。

孩子需要的是被理解，但大人常常不理解。身为父母，我们不用讨好孩子，但要听懂孩子的话。不只是听他说话，还要听懂他想表达什么。

倾听，永远是沟通的第一步。 沟通的关键是听清楚和讲明白的双向学习，然而，怎样才能听清楚孩子的话，让孩子愿意进一步沟通，让亲子对话顺利进行呢？这里有 4 大关键点。

一、耐心倾听孩子的"废话"

豆豆兴致勃勃地拉着妈妈跑到一个水坑旁，高兴地指着在水坑中跳来跳去的青蛙。

豆豆：（兴奋）妈妈，你快看，有一群小青蛙耶！一蹦一跳，好好玩啊！

妈妈：（不以为然）脏死了，好恶心，快走吧！

豆豆：（拉着妈妈）我只在书上看到过，这还是我第一次看到青蛙呢！妈妈，青蛙的腮帮子一鼓一鼓的，长得真特别！

妈妈不想听下去了，觉得就一只青蛙，没什么好大惊小怪的。对她来说，这些都是"废话"。

妈妈：别说了，没什么好看的，快回家！（不耐烦地拉着恋恋不舍的豆豆走了。）

孩子对这个世界充满好奇，看到什么都有新鲜感。当孩子跟我们分享时，我们总对孩子的"废话"提不起兴趣，也没耐心倾听，甚至会轻视或者否定孩子的话。

这样做不但会破坏孩子探索世界的兴趣，而且时间长了，孩子就不愿意跟我们说话了。等他有问题也不再向我们求助的时候，我们会后悔莫及。

其实听孩子讲"废话"是一件非常有意义的事。

1. 可以通过问问题，引导孩子深入思考。

"为什么？""怎么办？""如何？""什么？"等这些开放式的问题，是与孩子深入沟通的钥匙，可以引导孩子透过表象，深入思考。

2. 通过对话，帮助孩子认识自己。

可以这样跟孩子展开讨论："你刚才说的是不是这个意思？""你有没有发现……？"

所以，我们可以这样做：

豆豆：（兴奋）妈妈，你快看，有小青蛙耶！一蹦一跳，好好玩啊！

妈妈：（好奇）哇，是哦，你好像特别兴奋啊，为什么？

豆豆：（拉着妈妈）是啊，因为我以前只在书上看到过，今天看到真的了！妈妈，青蛙的腮帮子一鼓一鼓的，长得真特别！

妈妈：是啊，很好玩吧！

二、留心孩子的"非语言"动作

妈妈正在赶一份报告时，豆豆哭着走过来。

豆豆：我今天被小朋友打了。

妈妈：（一边忙着手上的工作）我听着呢，你接着说。

豆豆：（不想再说下去了）不，你根本就没有在听。

其实孩子对父母的言行很敏感，如果我们嘴上说在听，其实心不在焉，这种敷衍的态度会让孩子很生气，认为你根本没有在听他讲话，从而失去沟通的欲望。

孩子非语言的动作、表情等会透露很多孩子想表达的信息，我们应该多关注。我们可以通过行为观察，揣测孩子想表达的意思。 俗话说"听其言而观其行"，例如，面对玩过头没睡午觉在闹脾气的幼儿，我们可以说"想睡又舍不得睡，有点烦吧！"给孩子了解、核对自己感受的机会。有时孩子心里有不太舒服的感觉，可又说不上来这到底是怎么回事，若我们能及时捕捉到他的心思，那么他就会产生"你懂我"的感受。

所以，我们可以这样做：

豆豆：我今天被小朋友打了。

妈妈：（马上停下手中的工作）啊，快让妈妈看看伤到哪里没有？

豆豆哭得更大声了。

妈妈：被欺负了是不是又受伤又气愤啊？

三、理解孩子话中的情绪

豆豆养的小鹦鹉飞走了，再也没回来。他很伤心。

妈妈：不就是一只小鹦鹉吗？我再给你买一只，别难过了。

豆豆听到后，委屈地大哭起来。

当孩子向我们抒发心里的感受时，我们会以什么样的表情和语言回应呢？是认真听孩子表白，试着去体会他的想法和感受，还是在想怎么趁机跟孩子传授些自己的经验？

有时我们眼里的小事，在孩子看来，却是不得了的大事。我们想让孩子摆脱不好的感受，反而令他更难受。因为我们没有跟他共情，否定了他的感受，这样很容易让孩子感到不被重视。

也有些父母习惯于给孩子指导或建议，但这会让孩子感觉无法跟父母交谈，甚至以后也不想谈。因为孩子这时通常只是要把心里的话说给我们听，我们只需要"听懂"就可以了，并不需要把孩子的感觉当问题解决，也不需要去处理每句话并给出建议。

1. 当孩子和我们分享自己的感受时，我们需要做的是专注聆听，让孩子主导对话。

往往在平等且平和的气氛中，孩子能更自然地与家长分享心情。

2. 切勿中途对孩子的话进行评价或质疑，不然将破坏孩子陈述或表达的欲望。

所以，我们可以这样做：

妈妈：（抱着孩子，跟孩子共情）养了那么久的小鹦鹉飞走了，一定很伤心吧。

豆豆：是啊，他是我的好朋友。

妈妈：妈妈理解你，小鹦鹉飞走了就像好朋友突然离开一样，换成我也会很难过的。

四、听孩子把话讲完

豆豆正在玩折纸船，只见他把纸折成三角形又展开，接着又从另一边折成三角形。可能因为和课堂上老师折出的纸船不一样，豆豆开始跟坐在旁边的妈妈嘟囔。

豆豆：妈妈，是怎么回事呢？不对啊……

妈妈：（未待孩子说完，训斥孩子）你看你，妈妈刚拖的地，又被你弄脏了，你自己不会还乱嘟囔，吵死了……

豆豆听了，生气地把叠废的纸全丢到地上。

"听一半"不等于倾听。很多父母听孩子讲到一半，就急着组织语言反驳孩子或者批评孩子，这不仅会伤害孩子，还会让孩子产生挫败感。真正的倾听，应该是把孩子的话听完、听进去，甚至听出弦外之音。

孩子越小，他们的倾诉让大人听起来可能越觉得啰唆，甚至在孩子还没说清楚自己要表达的意思时，有些家长就已经不耐烦地打断孩子。

1. 听孩子把话讲完，不要打断孩子。

我们都知道，随意打断别人说话是一种不尊重他人的行为。孩子虽然很小，但是心思很敏感。

2. 倾听孩子说话，就是在安抚他的心。

其实，孩子一直嘀嘀咕咕说些大人听不清的话，是他们的一种表达方式。孩子和大人一样，有些话不是为了说出口，而是为了被倾听。

所以，我们可以这样做：

豆豆：妈妈，是怎么回事呢？不对啊，怎么跟老师折的不一样呢？

妈妈：（认真听孩子讲完）看来你很喜欢今天老师教的折纸船啊，来，我们一起看看应该怎么折才能跟老师折的一样。

上天很妙，给了我们两个耳朵却只给了一个嘴巴，大概就是希望我们多多倾听吧！我相信没有人喜欢别人一直告诉他该怎么做，大家都喜欢被倾听，希望自己的感受被理解、接纳与支持，并从中发现自己的能力与存在的价值。伏尔泰曾说过，"耳朵是通向心灵的路"。希望我们都能做到用心倾听，用爱倾听。

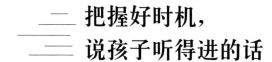

把握好时机，说孩子听得进的话

很多父母都有这样的感受，孩子越大越难沟通。再加上白天孩子上学，我们上班，晚上孩子忙作业，我们忙加班，亲子时间越来越少，沟通也越来越难。如果不能把握好沟通时机，很有可能让原本就有限的亲子时间更加捉襟见肘。所以，亲子沟通时机，也需要适当规划和及时把握。

一、孩子起床前，说温柔的话

"快点起床准备去上学，再不起来就要迟到了。"

很多父母早上总是又急又吼地把睡眼惺忪的孩子从床上揪起来。其实，没有一个孩子不知道每天早上要早起准备上学，父母这样喊孩子起床，孩子反而会产生逆反心理：

"唉，真不想起床，就不能让我再睡一会儿吗？"
"谁不知道要去学校啊？真是不想去，为什么要去？要是来场台风，宣布停课该有多好。啊！真烦！"

孩子如果是带着糟糕的心情起床，那他一整天都不可能有好心情，心情差，自然不能好好学习；心情差，自然也难以与同学和睦共处。

有句话叫"一日之计在于晨"，孩子起床时的状态决定了他一天学习和生活的状态。叫孩子起床是跟孩子进行亲子沟通的好机会，所以我们要把握时机说对话做对事。

1. 用"可以再多睡十分钟"代替"快起床"。

通常孩子从睡梦中彻底醒来，需要花费五至十分钟的时间，在这段时间内，与其说十次"快起床"，不如换个方式告诉孩子还可以再睡多久。这样做，孩子会因我们的体谅而心怀感恩，并获得好心情迎接他的一天。

"还可以睡十分钟，再睡一下吧。"
"只能再睡五分钟啰，时间怎么过得这么快呀。"
"哇！竟然这么快时间就到了。"

一般说完这几句，孩子就会从床上爬起来了，并且对理解自己还想多睡一下心情的父母满怀感激。

2. 让孩子开心地睁开眼睛。

那些还想继续睡的孩子，其实也想要尽快起床。虽然他们有着很强的念头想再睡一会儿，但真正想要的是可以神清气爽地起床。此时，不妨这样温柔地督促孩子，也许孩子马上就会睁开眼睛对我们撒个娇，然后起床。

"你也想赶快起床，但好累对吧？想要充满活力地跳起来开开心心去上幼儿园，但眼睛就是张不开吧？"

叫醒孩子时，尽量用温和的嗓音轻柔地叫他的名字，使他睡觉时的舒适感与宁静感得以维持；可以用充满爱意的手摸摸孩子的头或肚子，或者给他个亲吻，或是按摩一下他的腿部和小脚，然后亲口告诉他妈妈有多爱他。

"怎么可以连睡觉的模样都这么可爱？妈妈也好想和你再多睡一会儿。妈妈来帮你按摩按摩吧。"

被这样的话叫起床，心情自然没理由不好。孩子的心被这样的爱意填满，自然会开心地睁开双眼。

二、共同进餐时，说关心的话

我们都知道全家共同进餐的重要性，在餐桌上用餐是亲子沟通的好时机。研究显示，全家人固定时间共同进餐，能对孩子的身心发展产生极大的正面影响。如何让孩子在餐桌上乐于开口谈心，而不只是说"嗯""我忘了""大概吧"一类敷衍的话，需要父母把握以下几个原则。

1. 问对问题。

"你今天在学校和同学玩些什么呢？"
"今天在学校里有练习加法吗？"

用问题来开启话题，可以引导孩子谈更多学校里的事。小孩子通常愿意回答具体的问题，这些问题有明确的答案，不会让还不善于描述感想与情绪的孩子不知所措。当孩子渐渐长大，开放式问句更能引起孩子的反应，有助于展开对话。

2. 玩个小游戏。

"今天有哪些开心的事？"
"今天有什么收获吗？"

每个孩子都喜欢玩游戏，吃饭的时候我们可以跟孩子玩一下"猜猜看"：让他想一想今天在学校最开心的一件事，而我们有三次机会来猜他在想什么。如果我们没猜对，大部分小孩都会乐意纠正我们。

3.营造轻松愉快的气氛。

妈妈：今天老师打电话说你最近在学校上课不专心，而且我发现你最近学习退步了。

孩子：我不想吃饭了。

妈妈：不吃算了，我拿去丢掉！

餐桌上的亲子沟通最忌批评孩子，这不仅会影响孩子的胃口，还会破坏亲子关系。我们倾听得越多，批评得越少，长久下来，家中餐桌上就会形成一种温暖和谐的气氛，让孩子乐于分享自己的感受，否则孩子就会慢慢闭嘴了。

最好的鼓励孩子分享的方法，就是营造一个温暖、信任的环境，让孩子觉得舒适。而最糟糕的，就是逼问孩子，令他难堪。比如，当你问："今天老师说你和小明打架了是不是？"如果孩子不想开口，不要催促他，对他说："没关系，等你想说了你再说，妈妈一直都在。"稍后，也许是吃下一餐的时候，也许是在车上的时候，也许是上床睡觉的时候，当他觉得准备好了，自然会说出来。如果孩子一直都没说，而我们又很担心孩子，可以试探着问孩子："上次你和小明发生了冲突，我看你们现在一起放学，是已经和好了吧？"

三、孩子入睡前，说亲密的话

如果在一个家庭里，就寝前的时间是一段混乱的时间，那么父母和孩子都会受挫。我们巴不得孩子越早去睡觉越好，这样我们就可以不用管他们了，而孩子总想尽可能多玩耍一会儿。其实根据潜意识研究，入睡前是绝佳的沟通时机。利用这个时间与孩子交流，最容易将我们的想法输入孩子的潜意识。

不妨让入睡前成为一天中与孩子相处的特殊时光。此时，父母和孩子一起说些百无禁忌的亲密话，趁机了解孩子的内心想法，睡前的放松和自由会使孩子盼望就寝时间的到来，而不是老跟我们唱反调。试着和孩子一起躺在柔软的被窝里，面对面，摸摸他的小脸，磨磨他的鼻子和脸颊，一同聊聊当天发生的事。

1. 复盘今日收获。

可以跟孩子一起对当天的事情进行复盘。

"我的宝贝今天过得如何啊？"

也可以找出孩子当日努力和认真做的事。

"妈妈看你今天在画画时，因为觉得自己没画好而擦掉重画，努力想要把它画好，真的很棒哟。"

"弟弟说他要再多吃一块饼干时，妈妈看见你把你的分给他吃，那模样真有爱。"

先从父母主动发觉并说给孩子听开始，等孩子逐渐掌握方法以后，就试着引导他们自己找出当日表现良好的地方并说出来。这样的方式可以提升孩子的自信心，也有助于他成长为积极进取的孩子。

还可以跟孩子反思当日需要提升的地方。

"你觉得下次怎么做才会更好呢？"

"如果下次再遇到这种事情，你会怎么做？"

2. 期待明日之事。

睡觉前不妨用"明天想做什么？""我们明天干吗好呢？"这样的句子问问孩子，或者从孩子第二天要做的事里找出会让他开心期待的，并说给他听：

"明天美术课上你想要画什么？"
"下课时要玩得开心啊！"
"爸爸下班时，要不要请他买冰激凌回来？"

另外，实在没有话题时，可以说说"爱孩子的一百个理由"。

"谢谢你来到我们家，谢谢你爱妈妈。妈妈好喜欢你笑开怀的模样，也谢谢你这样抱着我，妈妈爱你。"

孩子非常需要这样的对话，刚开始或许会感到不自在或尴尬，但只要持续进行一周，自然就会习惯。如果以期待的心情入睡，早上起床睁开眼睛时，也会延续昨晚的好心情。这样，孩子不仅会变得正面开朗，也会在生活中展现积极进取的态度。

不管多么忙碌，父母都要利用各种机会与孩子互动，例如，在接送孩子的路上、从外面回家时、陪孩子参加户外活动时，都可以与孩子轻松闲聊。重要的是要关心孩子的内心世界、成长变化，而不只是学习成绩；要多给予鼓励和肯定，增加孩子的自信。

除了这些时机，还可以和孩子约定一个专属的、固定的亲子对话时光，甚至可以为此起个名字。我们也可以将鼓励的话语通过写信或写小纸条贴在不同地方（例如孩子的铅笔盒、书包等）的方式，为他的成长加油打气。

不对别人说的话，
也不对自己孩子说

尊重孩子是父母与孩子交流的起点。

什么是尊重孩子？这里有个原则：像尊重成人一样尊重孩子。简单来讲就是：我们不好意思跟同事或朋友说的话，不要对孩子说；我们不好意思对同事或朋友做的事，不要对孩子做。每次在说话前可以先问问自己："我会对同事或朋友这么说吗？"

一、父母需放下"高高在上"的姿态

我们跟同事或朋友讲话时，视线是与他们平行的。如果视线向下，会给人一种"高高在上"的感觉，会让对方觉得不舒服。如果想让孩子听话，最简单的方式就是蹲下来和孩子说话。

1.同一句话，蹲下来说可以拉近距离，孩子的感受也会完全不一样。

当我们蹲下来，目光和孩子的视线维持在同一高度时，孩子会更放松，心理上也会觉得自己被接纳，就算有情绪也会渐渐缓和，当然就更容易听进我们的话。

有一次，我急着出门，对女儿嚷嚷了几句，她当时正在做一件她等不及上车再做的事情。见我用不尊重的语气跟她说话，她立刻用同样的语气回应我。

随后，我蹲下来和她平视，说："因为我刚刚对你吼叫，还以不尊重的语气跟你说话，所以你也对我大声嚷，说话不尊重。我很抱歉，没能理解你在做你认为很重要的事情。但我期望你能重视我需要准时出门的急迫性。"

女儿马上回应说："好的，妈妈。"

孩子会模仿我们的举动。当我们无法控制自己的行为时，就不能期望孩子能控制他们的行为。换句话说，如果我们想知道孩子为什么对我们说话不尊重或顶嘴，就请回想一下我们刚才怎么对他们说话的。这么做，你会减少很多怒气与压力，也能享受更多与孩子和平相处、彼此尊重的时光。

2. 孩子"唱反调"，是因为未被尊重。

我们常摆出高高在上的姿态，用命令或指使的语气对孩子说话，使得孩子一心想要帮自己辩驳。他们光是找理由就用尽了大脑资源，又哪有心思去听我们说什么呢？

妈妈：豆豆，把桌面收一收，妈妈刚刚已经订好晚上七点幸福里的位子，等下就好好去享受一下难得的家庭聚会，还有我好久没尝到的牛排。

豆豆：我不要去幸福里，今天我要去大渔。

妈妈：你是不是故意唱反调？妈妈中午订位时，你为什么不发表意见？每次说好要去东，你就说去西。你到底是什么意思？

豆豆：我怎么知道你在订哪里的位置。我不管，你上次说今天去大渔的，我就要去大渔。

妈妈：你这是什么态度？那你自己去吧。

豆豆：你自己说话不算话，你还说我。

妈妈：你敢这样跟我说话？反了你了。

我们很容易把孩子唱反调的行为解释成故意。如果孩子真的是故意的，那么我们就应该想想"是什么样的动机让他故意这么做？""孩子干吗要故意？"孩子的"故意"在告诉我们一件事："爸妈，请尊重我！"这时，有些父母可能会跳出来反驳："我怎么没尊重你？"这也是亲子间彼此解读常出现的误会，我们跟孩子的解读不同，恰恰是因为我们忽略了孩子的感受。

我们是否感受到孩子希望被尊重的那股力量？是否可以提高对他的关注，让孩子意识到他的声音被听见了？

3. 沟通不只是说话，更是要让孩子听进去。

我们应该问自己：我为什么不习惯看着孩子说话？和我们想象的不一样，沟通不只要用耳朵听，更需要用眼睛看，用心感受。请放下身段，蹲下来和孩子说话。当我们蹲下来跟孩子平视，孩子才会感受到我们的真诚的目光；当孩子凝视我们的嘴巴，他才能真正听清楚我们说的话。当我们将姿态放低，调整情绪，更接近孩子的心，孩子才会敞开心扉，静静地听我们说话。

沟通不是滔滔不绝地说个不停，而是以对方可以接受的方式，慢慢地说清楚。当孩子情绪当头时，不要急着说服孩子，先帮孩子转移一下注意力，再找到适当的机会沟通，这样孩子反而会更容易听得进去。

二、根据孩子的能力设定标准

当孩子害怕玩水时，爸爸说："水有什么好怕的！我们一起跳进去，你就会发现它很好玩！"

当孩子平时专注力就不够时，妈妈说："作业只有5页，写不完不准休息！"

当孩子没有接触其他孩子的机会时，妈妈说："不是跟你讲过很多次要跟别人分享玩具吗？和小朋友一起玩！一起玩！"

我们总是爱用自己的标准要求孩子。但我们要知道，我们走一步，孩子要走三步才能赶上。我们要了解，孩子观察世界的眼睛比我们的眼睛矮三英寸。**真正的尊重孩子应是根据孩子的能力来设定标准。**

有一次我带女儿去公园玩，看到一个大约5岁的小男孩戴着厚厚的眼镜，慢慢地爬上滑梯，看起来肢体很不协调。

小男孩一边哭，一边说着："我不要滑滑梯。"

男孩的爸爸在一旁硬是拉男孩的手，吼道："男孩子哭什么哭，滑滑梯那么简单，你给我滑下去！"

小男孩明显很焦虑，双手紧握住栏杆，在爸爸的压力下，小心翼翼地爬到了滑梯口，他滑下去时惊恐的表情让人印象十分深刻。

这样的说话方式只会让孩子更退缩，更不愿意去尝试和学习。我们应该在要求孩子前，先了解孩子现有的能力，将标准定在孩子现有能力的范围内，等他有了成就感之后再一点点提高难度。根据孩子的能力为他设定学习标准，尊重孩子的步调，孩子才能学得好、有自信。

三、不要硬逼孩子做他不想做的事

我们有时喜欢强迫孩子做一些我们认为正确但孩子却不想做的事，比如强迫孩子分享。

在一个妈妈们的聚会上，一个小姐姐带了她的公主贴纸书在一旁贴贴纸，其中一人的小儿子也想玩，小姐姐不肯借。两个孩子的妈妈都没讲话，旁边另外一个妈妈却先说话了："哎呀，你好小气，就借弟弟玩一下嘛。"

男孩的妈妈急忙拉走自己的孩子，说："这是姐姐的贴纸，不能摸。"因为孩子被数落，小女孩的妈妈显得很没面子，便要女儿分享贴纸，可是小女孩紧紧抓着贴纸，就是不肯分享。妈妈有些生气了，就威胁小女孩："一起玩才好玩啊，你不懂得分享，以后就没人跟你玩了！"小女孩看着妈妈生气的脸，满脸委屈，不情愿地将贴纸借给了弟弟。

玩具是孩子的私有物品，出借与否是孩子自己的权利。贴纸是小女孩的宝贝，应视为她的财产，她不想借出去，不应被说成"小气"。试想一下，如果别人向我们借钱，我们不借就被说成"小气"，我们做何感想？小女孩不愿意分享，和我们不愿意把钱借出去一样。不愿分享的权利应得到尊重，而不是因受到威胁害怕而被迫分享。

1. 独享不等于自私自利。

强迫分享只会让一颗原本不能单独做决定的心，变得更加匮乏空洞。能够满足自己，让自己得到快乐的孩子，才会因为美好而主动去分享。如果孩子表明了不想借，请尊重孩子说"不"的权利。尊重孩子对私有物品的使用权利，孩子才能学会尊重他人的物权，才不会看到任何想要的东西就自己去拿来。

2. 引导孩子做选择，不要贴标签。

"这是你的东西，你有权不借给别人，但如果是分享给弟弟一起玩，可能更好玩，而且只是借他一下子，他等一下就会还给你。这是你的，别人是抢不走的。"

这样说，让孩子自己去做选择。生活中我们会发现，孩子开始时大都不想借玩具给别人玩，但一个人玩久了，觉得无聊，就会愿意分享了。因此，我们需要做的只是从旁引导就好，不要指责，更不要给孩子贴上小气、自私、孤僻等这些负面的标签，这样会伤害孩子幼小敏感的心。

3. 和孩子站在一起，获得对方的尊重。

聚会中，孩子们之间有了纷争，一些父母往往以和为贵，或是因看重面子，而要自己的孩子忍让大度，其实不应这么做。

大人能成为朋友，那彼此间必定能以礼相待，互相尊重。若是觉得朋友对待自己的孩子有不妥之处，请和孩子站在一起，维护孩子，帮孩子获得尊重，因此可以委婉表态说："你不能这样讲我的孩子。"

四、孩子不是玩具，不要随意逗弄

"等你妈妈生了小宝宝，就不要你了！"

"你是你妈妈从垃圾堆里捡来的！"

我们常听到有大人对孩子说这类的话，虽然这只是大人随口开的玩笑，但对孩子来说，这可能是一种伤害，会严重破坏孩子的安全感。

作为大人，我们要克制对任何一个孩子乱开这种玩笑的冲动；身为父母，我们更要做孩子坚强的后盾，避免孩子因此类玩笑受到伤害。当孩子因为别人的玩笑话而受伤难过时，请站在孩子这一边，保护孩子的心灵，要教导孩子："如果有人说了你不喜欢的话，可以表示抗议，或直接转身离开。"

不说什么，
比说什么更需要智慧

　　父母无心的话会埋在孩子心里，并随孩子的成长不断发酵。若不知如何与孩子说话，还不如不说。**有些父母认为自己对孩子说出的话句句是赋能，而实际却句句是负能量。**所以，在说话前，我们需要思考：自己要说的话能给孩子增加力量或者推动孩子行动吗？如果不能，那就不说。

一、空洞赞美的话要少说

　　很多教育心理学实验发现，十岁以下的孩子会认为能力是后天的，努力越多能力越强；但十岁以上就会认为能力是先天的，需要的努力越多，代表先天能力越弱。因此，赞美孩子努力、具体做过的事实，会比赞美结果更有效，但也要传达"能力是努力的结果""没有努力就不能把天赋发展成为能力"等信息。比如可以这样赞美孩子：

　　"我注意到你主动练琴15分钟，而且节奏和旋律都进步了很多。"
　　"你剪纸都剪在线上，没有剪歪，这个不容易做到呢。"

二、负面评价的话要少说

"你从来都不会主动练琴，每次都要大人催！"
"你怎么又把这么脏的球鞋放在椅子上？"
"你怎么总是乱丢香蕉皮，别人踩到滑倒了怎么办？"

当我们责备或批评孩子时，常不自觉地给孩子贴上负面标签，如"从不""总是"等词会导致孩子错误的自我形塑，使孩子内心形成"内在判官"，从内在想法到外在表现都十分在意大人的看法。而带有人身攻击的语言，更会伤害孩子的自尊，暗示孩子本质上有问题。

评判性语言是主观的，表明说话者对事情的一种看法。没有两个人对同一件事情的看法是完全一样的，因此听者可能会不同意或不服气，这就会造成沟通受阻或是中断。

不进行带有负面情绪的主观判断，只陈述事实，只说看到（我看到 / 注意到……）的和听到（我听到……）的事情，一般就不会让孩子感觉受到攻击，激起孩子的逆反情绪。

孩子一直都没练琴，我们可以说："我注意到你今天还没练琴，离上床睡觉只有一小时了。"

孩子回家就把脏脏的球鞋放在了椅子上，我们可以说："球鞋上的泥土糊上椅子啦，我希望你把它们放在卫生间的地上。"

这里需要说明的是，在给孩子的批评及指令中，即使充满主观评价，孩子也不会完全明白。孩子只活在当下，"又"字对他而言没有意义；"这么脏"是指超越了一个标准，而这个标准你并没有在事前清楚地告诉孩子。孩子，尤其是 7 岁前的孩子，是不能理解这些语言的。所以，孩子只注意到我们的情绪，只会把注意力放在如何尽快终结我们的情绪上，而不是怎样才能将事情做得更好。

孩子往地上扔了香蕉皮，我们可以说："我看到你把一块香蕉皮扔在地上了，这样既不卫生也不安全，万一有人踩到滑倒就不好了。我相信你是一个爱护环境、讲卫生的孩子。"

三、威胁孩子的话要慎说

"你再不……我就……"

"你最好给我……，否则就……"

"我数 123，立刻给我……"

这类的严惩、恐吓和威胁话语，不但会扼杀孩子的自尊心和安全感，甚至还会导致孩子采取自我破坏和被动攻击的行为以作报复。

口头威胁或许能即刻带来短暂的效果，但孩子会不断探测大人的底线或测试这项威胁发生的可能性。一旦孩子发现大人其实不会真的那样做，这种威胁就失效了。我们要学会"换句话说"，让孩子听从我们的话。

1. 为孩子提供选项。

"坐好吃饭，再不坐好，就把你丢掉！"

"不许哭，你再不听话，妈妈下次不带你出来玩了！"

我们恐吓孩子，无非是希望孩子配合，但这些不会实现的威胁，不但会使我们丧失威信，更会让孩子的心里蒙上长久的阴影。相反地，当孩子有选择的机会时，他就会停下来考虑选项，衡量轻重，做出抉择，然后表达或执行决定。给孩子提供合理的且我们能接受的选择，给他被尊重感，而不是被强迫感。

"这里有面条还有面包，你想要吃哪一个？"

"你是愿意现在洗澡、一会儿听两个故事，还是现在看电视、洗澡后没时间听故事？你来选吧。"

2. 表达自己的感受、想法或期待。

"你怎么又把玩具弄丢了，以后不许带玩具出去了！"
"时间到了，再不关电脑，我就要拔电源了！"

当孩子的行为需要及时纠正时，我们需要明确表达强烈不赞同的立场（但不攻击孩子的人格），让孩子了解问题本身的影响。对于已经发生的错误不过分追究，但要表明对孩子下次行为的期望。

"我希望你能保管好自己的玩具，下次让它和你一起回家，好吗？"
"有人不遵守和我的约定，我觉得很失望。"

3. 把重点从孩子本身转移到事情本身。

"你再哭我就不喜欢你了！"

停止对孩子说这样的话，因为这不是真的。我们并不会因为孩子一直哭就不爱他，当我们这样说时，往往只是因为自己很疲倦、快失去耐心了。

我们可以针对事情本身表达自己的感受，但不需要威胁孩子，否则孩子会以为我们只想要一个"乖孩子"，而他只要没有达到某种标准，父母就不会爱他，他就是很差劲的。我们可以这么说：

"我很爱你，但当你一直哭的时候，我会没有耐心。"
"我很爱你，可是我无法接受你说谎的行为，说谎在我心目中是很糟糕的。"

4. 给孩子正向的引导。

"不吃饭就没点心吃！"

"不写作业就不准看电视！"

"再哭就不抱你了！"

这些说法不但不会让孩子听我们的话，反而还会挑起他们负面的情绪。有时，只要跟孩子换个方式说话，就会产生不一样的效果。给孩子正向的引导，我们和孩子的情绪都能因此稳定，孩子也更愿意听话。

"吃完饭就有点心吃哟！"

"写完功课就可以看电视了！"

"安静了，爸爸就抱抱你啦！"

四、挖苦孩子的话不要说

"你看，我不是告诉过你乱跑会跌倒吗！"

"你眼睛长脑门上了吗？"

孩子感冒了，我们明明心疼，却说："现在难受了吧，叫你不穿衣服。"

孩子回家晚了，我们明明担心，却说："你还知道回来呀，死外面算了！"

这就是中国式父母表达情感的方式，孩子听到的不是关心，而是挖苦。

当孩子伤心或生气时，听到父母如此落井下石，会觉得自己不被理解而哭得更大声。即使我们内心觉得"还不都是你自己的错？"也请不要责骂或挖苦，请共情孩子的情绪。当孩子感到被接纳、被理解，当他的情绪得到宣泄时，他就可以理性面对眼前的问题了。

先同理孩子的情绪："宝贝，感冒了是不是很难受？"

然后表达自己的情绪："看着你这么难受，妈妈也好心疼。"

最后说出自己的期望："下次天冷了要乖乖穿衣服哟。"

五、否定孩子的话要慎说

孩子：中午能不能吃火锅？

父母：不行，太热了。

孩子：那寿司呢？

父母：太贵了。

孩子：牛肉面呢？

父母：不可以，那里太远了。

孩子：卤味总可以了吧？

父母：不行，太咸了。

"你那样不对，这样才对。"我们想教导孩子，却总是否定孩子的想法，这样往往会扼杀孩子的创造力。

要认同把天空涂成绿色、盯着蜗牛看得入迷的孩子，首先就要做到不否定孩子说的话和做的事。**亲子沟通的起点，是父母认同孩子的话语，这是孩子自信的来源。**

1. 用"提问法"引导孩子思考。

孩子犯错很正常，教养的重点应放在建构好行为的过程上，而不是对结果的评判和指责。当遇到状况或问题时，我们不应马上用质问的口吻指责孩子，而应与孩子沟通，引导他自己解决问题。

"你想玩弟弟的玩具可以理解，但是你用抢的方式他会很难过，我们来想想怎么办？"

2. 把"不要"变成"要"。

比如说，孩子在沙发上跳，这是不被允许的，但我们可以把"不要在沙发上跳"变成"要……"。可以对孩子说：

"来！到院子里跳，我跟你比赛，看谁跳得高。"

"走！我们去买张弹簧床，让你开心地跳。"

"来！我们去公园玩，比赛跳格子！"

"好，可以，你可以跳，但让我们找个安全的地方跳。"

这样的表达，既可以让孩子离开危险的沙发，也没有使用半个负面词语。这种说话方式还可以加上一些创意，只要反复练习，很快就能得心应手。

3. 向孩子提出建议。

"不要在店里吵闹！"

"不要……""不可以……"都是认定孩子行为不得当的否定话语。即使父母是真心为孩子着想，孩子听到这种话也不免会下意识地心生抗拒。若改为向孩子建议"在这种时候，应该要这么做哟"，他们就较容易打开耳朵来听。所以，可以说："在店里面要安静一点哟。"

4. 说出自己的期待。

如果我们不想让孩子做某件事，请一定不要对他说"别""不要"这种负面词语，而应用我们的期望来替换它。比如：

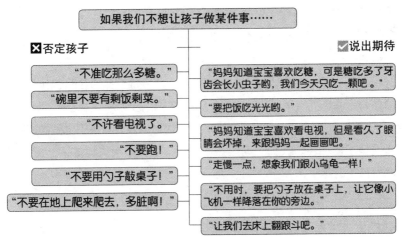

如果我们不想让孩子做某件事……

✗否定孩子　　　　　　　　　　　　　**✓说出期待**

"不准吃那么多糖。"　→　"妈妈知道宝宝喜欢吃糖，可是糖吃多了牙齿会长小虫子哟，我们今天只吃一颗吧。"

"碗里不要有剩饭剩菜。"　→　"要把饭吃光光哟。"

"不许看电视了。"　→　"妈妈知道宝宝喜欢看电视，但是看久了眼睛会坏掉，来跟妈妈一起画画吧。"

"不要跑！"　→　"走慢一点，想象我们跟小乌龟一样！"

"不要用勺子敲桌子！"　→　"不用时，要把勺子放在桌子上，让它像小飞机一样降落在你的旁边。"

"不要在地上爬来爬去，多脏啊！"　→　"让我们去床上翻跟斗吧。"

请真诚地说"对不起"

妈妈好不容易下了班，接回了豆豆，一边赶着让晚餐上桌，一边还想着晚上要加班处理的文件。结果豆豆不小心把餐具弄掉了，盘子碎了一地。妈妈忍不住了，气急败坏地对着豆豆怒吼，还揍了豆豆的屁股。可是打完吼完妈妈就后悔了，她知道是最近的一些麻烦事让自己心力交瘁，因而情绪很不稳定。

身为父母，我们也会犯错，例如，迁怒孩子、情绪管理失败、因忧虑而易怒等。当忍不住责备孩子"大人已经很烦了，你为什么还添乱？"后，我们又焦急又后悔，但有没有想过，我们应该怎样跟孩子道歉呢？

道歉也是一种教养工具与方式。大人也会犯错，例如没有耐心、同理心，或是沉浸在自己的困境，忽视孩子的感受等。在这些情况下向孩子道歉，不但可以让孩子产生同理心，还可以修复与孩子之间的裂隙，赢回孩子的信任。我们主动跟孩子道歉，不但不会失掉威信，反而会赢得孩子的尊重。

一、放下身段主动认错

尽管有时我们犯错是因为孩子做了一些事情，但不能因此让孩子觉得是他们让我们失望了，才导致我们举止失常。

面对我们的失控，孩子当时也许没说什么，但这并不代表没事。如果我们不去处理，孩子可能会做出异常行为，让我们更心忧，所以我们要放下大人的身段主动去认错。

我们向孩子道歉会让孩子感受到被在乎，知道自己心中的害怕、气愤、担心等感受是被理解的。

妈妈：豆豆，你现在有空吗？

豆豆：嗯，有啊。

妈妈：你还记得上次的事情吗？

豆豆：记得。

妈妈：那次，妈妈打了你，你还生妈妈的气吗？

豆豆：还好。

妈妈："还好"的意思是，还生气，还是已经完全不生气了？

豆豆：不知道。

妈妈：你回答不知道，是因为不知道该怎么回答吗？

豆豆：（点点头）嗯。

是人就会犯错，但犯错可能是让自己变得更好的机会。勇于承认错误，并且真诚地道歉，这是为孩子树立对自己行为负责的榜样，而且这还有助于加深孩子对父母的理解，让亲子关系更加紧密。

二、让孩子感受到我们的真诚

只要我们愿意诚实地说出自己的过错，如实地对孩子阐述自己后悔的感受，孩子就能领会到父母明白自己当时痛的感受，亲子关系就会得到缓和和修复。孩子只要能感受到我们的真诚，就更容易谅解我们。

道歉时，千万不要说"我不是故意的"。这句话与其说是道歉，不如说是辩解，比不道歉还要糟糕。

我们跟孩子道歉时，务必身心合一。态度和用词都应当真诚，而不是只口头说"好嘛好嘛，就算我错了嘛""对不起，都是我的错总可以了吧？""我给你道歉行了吧"。这不是道歉，而是火上浇油。这种听起来没有诚意的话，可能会激怒孩子。只有被接受时，道歉才真正有用。

妈妈：（顿了一下）谢谢你告诉我。

妈妈：（继续说）妈妈这样问你，是想要了解你的想法与感受。其实，不管你有没有生我的气，妈妈都想跟你道歉。宝贝啊，对不起。妈妈上次因为太生气，吼了你还打了你，真的对不起。你那个时候很痛吧？

豆豆：（点了点头）嗯。

三、解释清楚向孩子道歉的原因

父母的一言一行都会在潜移默化中影响孩子。我们需要跟孩子道歉并解释道歉的原因，或许是不该迁怒孩子、不该大吼，又或是不该无视他人的存在、不该不问原委就骂人等。这样孩子也会知道哪些行为是不对的，以免重蹈父母的覆辙。

妈妈：妈妈最近有些压力，所以情绪有时候会不太受控制，这个和你没关系。妈妈因为你那时的行为，内心真的很生气。不过，妈妈不能因为生气，就动手打你，这是我的不对，妈妈希望可以得到你的原谅。

妈妈：妈妈真的很爱你，你是我们的第一个小孩，我也是第一次当妈妈。所以，很多事情，妈妈也在学习的过程中，也会犯错。这几天，我因为我的错，感觉非常后悔。

四、一起探讨如何避免下次犯同样的错误

人都有受挫、生气的时候，但重点在于用正确的方式表达与舒压，而不是任意怒骂、摔东西、甩门，或互相责怪。趁此机会，我们可以跟孩子讨论，以后遇到类似情境，双方可以怎么做来避免类似错误。

最后，别忘了问孩子"可以原谅我吗？"这不仅是弯腰、降低姿态，更是对孩子的示范，教他们要勇于承认错误，也要学会宽恕别人。

妈妈：（又顿了一下）妈妈想了好久，下次，如果我们又发生了类似的状况，妈妈生气了，会试着用别的方式来舒压，甚至是直接走开，等我们都冷静了再来说。同时，妈妈也希望，你以后不耐烦时，可以用更好的方式跟我说话，好吗？

豆豆：好。

妈妈：或者是在妈妈没控制住脾气的时候，你能用更好的方式提醒妈妈吗？

豆豆：（思考了一下，比画了一个暂停的手势）或许我不说话，我可以用这个手势来提醒你，你就知道你又发脾气了。

妈妈：嗯，妈妈现在知道了。宝贝，你愿意原谅妈妈吗？

豆豆：（点点头）嗯。

如果孩子没有马上回答说原谅我们，我们也要有耐心，千万不要说："我都跟你道歉了，你还要我怎样？"试问，我们道歉了，对方就一定要马上接受吗？若是这样，说明我们只想把事情赶快带过，草草了事，这根本无法安抚孩子受伤的心灵。

孩子需要情绪调节的时间，希望通过一句"对不起"就马上获得原谅，这种道歉只会让人觉得道歉者根本没有意识到自己的问题所在，因而可能引发更强烈的不满，让孩子更加伤心或愤怒。

曾经听过这样一句话：父母在等待我们的一句"谢谢你"，而我

们在等待父母的一句"对不起"。如果是我们的错，就不要顾忌面子，勇敢地对孩子说"对不起"，我们得到的不会是孩子的讥讽嘲笑，反而会是孩子的理解。即使是孩子的错，我们也要为我们的情绪失控向孩子道歉。

向孩子道歉，是对孩子的一种尊重，一个人不论年龄大小，都应当被尊重。如果我们从来不对孩子道歉，却要求孩子每次做错事时都要道歉，那不就是双重标准吗？

孩子就像一面镜子，会很自然地学习父母为人处世的方法。我们怎么做，孩子就怎么做，所以教孩子道歉，不能只用说的，更要用做的。我们的道歉行为对孩子有示范作用，会让孩子学会对自己的行为负责。当我们真心道歉、用心安抚孩子时，孩子因为被批评而受伤的心会很快被修复。

想要别人怎么对待我们，就要先怎么对待别人。对待孩子也是一样的，当孩子得到了应有的尊重，才能学会尊重别人。

——— 抛开追求完美的执念

我们是小孩子时，总想当一个"好孩子"，力争优秀；当了父母之后又想成为一个优秀的父母，力争完美。现代父母因为孩子生得少，因而期望更高，于是拼命吸收育儿和教养信息，处在高压、焦虑的状态中，总害怕自己不够好、做不到或者做错。

其实，有这样感受的父母确实不少。然而，育儿路上，追求完美并非必要，完美父母在子女眼中也并不一定是最好的。

日本心理治疗师星一郎先生曾说过："有些人总是无法接受真实的自己，是因为他们给自己构建了一个完美无缺的形象。一旦自己的行为举止与这个完美形象不相符，他们就很难认可自己，难以接受这样的自己。之后便会丧失自信，开始自我厌弃。"

一、自己做不到的，不要逼孩子做到

曾经，我以孩子的立场，批评一些父母"孩子，我要你比我强"的心态，怎知自己为人父母之后，竟然也产生了这样的想法。原来世界上每个父母都在心里偷偷盼望：孩子在一个比自己更好的环境中成长，将来一定要比自己强，有更好的工作、更好的发展。而自己身为父母的责任就是竭尽所能提供支持，为这个目标鞠躬尽瘁，死而后已。

但是，身为父母，我们却忽略了一件事情：孩子跟我们是不一样的个体。我们想做的，未必是孩子想做的；我们的期望，也不见得是孩子的希望。把自己未曾实现的梦想强加在孩子的身上，孩子会快乐吗？不一定吧，只要回想自己的成长经历，就可以理解孩子的心情。

当了父母之后，我们总是不断要求孩子做得更好，我们设定很多目标，希望孩子有健康的身体，少生病，活力满满；希望孩子有美好的品性，诚实、正直、勇敢、善良；更希望孩子知书达礼，比自己优秀。一旦孩子达不到期望，我们就焦虑紧张，担心自己的教养方法不够好，担心孩子哪里有问题。

"这孩子怎么这么没耐心没毅力？"
"这孩子怎么这么胆小，不敢打招呼，该如何是好？"
"这孩子怎么不喜欢运动，不喜欢阅读？"

有些事情，连身为父母的我们都做不到、做不好，为什么还期望年纪比我们小、人生阅历比我们少的孩子做到呢？

言传不如身教，直接叫孩子做到，尤其是那些我们都做不到的事情，只会让孩子受挫，甚至会反抗，他会想："凭什么你们都做不到，却叫我做到呢？"所以，与其叫孩子做，不如先从自己开始。

我们希望孩子喜欢阅读，不要叫孩子"快点拿本书来读！"而应自己拿本书坐在他身边读。

曾经有位妈妈问我："怎么让孩子爱上阅读？"我就问她："你喜欢看书吗？"她很不好意思地低下了头。我说："你希望你的孩子干什么，你就做给他看。你希望孩子没事多看书，那你就每晚都拿一本书来看，不要自己刷手机却让孩子看书。"

二、多肯定自己

只要孩子能够感受到父母的爱，无论管得紧一点或松一点，都会有不错的结果。让孩子感受到来自母亲的爱对孩子长大后的成就动机和人际关系有相当重要的影响。**孩子需要的是一个爱他的妈妈，而不是一个育儿专家。**

所有的母亲都爱自己的孩子，"如何爱"却是个难题。或许，从爱自己开始，我们能找到一个最适合自己和孩子的方向。

很多女人在当了妈妈之后，就会围着孩子转，忽略自己。如果妈妈不懂爱自己，就很容易被生活打败，产生很深的挫败感。我在生完孩子的头一年，经常会否定自己，心里一直有这样的感受：从早到晚忙里忙外，最后家里还是一团乱，实在不知道自己究竟为何忙；每当与老公有了摩擦，伤痕累累又没有娘家可回去取暖时，只能咬紧牙，泪往肚里吞；情绪紧绷时被身旁的孩子一秒惹毛，河东狮吼后，看着孩子惊慌无助的眼神，又感觉自己好糟糕。

在学习了心理学之后，我才明白，越是这样越要肯定自己。于是我学着对自己说："亲爱的，我愿意疼惜你，我愿意爱你，因为你值得。"

当我对那个内在的自己说出这句话时，我瞬间泪崩，身体也更加地放松。原来我太久没有这样关爱与肯定"虽然不完美，但一直很努力"的自己了。

从此之后，我也时常对孩子表达爱。孩子会抱住我说："妈妈，谢谢你让我感觉被爱，你是世界上最温柔的妈妈。"刹那间，我真的很感谢这样不完美、但一直很努力的自己。

三、关照自己，放下罪恶感

很多妈妈备受困扰，不允许自己有半点世俗认定的负面情绪，只要稍有情绪，事后就会被罪恶感折磨。

"我怎能这样对小孩！"

"我不是个好妈妈。"

"别的妈妈都能做到温柔而坚定，我怎么不行？"

各种怀疑、否定、自责的声音在妈妈的内心响起，她认为自己很糟糕，总担心自己没做对，会产生不好的影响。

为人父母总想做得更好，考虑得更周到，所有事都尽善尽美，现实中却很难如此，而且也不见得一定得如此。

我们要善待自己，也许我们能将工作与生活始终维持在一个最好的状态。但是如果我们愿意在有限的时间里关注、了解、参与孩子的世界，那也是值得肯定的。

时时检视自己，不要让自己受罪恶感的负面影响，变成更糟的父母。完美父母对孩子而言不见得是最好的。让孩子看到我们也有挣扎、有负面情绪，是可以的。请对自己说："我有我爱孩子的方式。"也许孩子会说别人的父母比较好，这会让我们觉得难受，但请对自己说："我已经尽我所能做到足够好了。"

爱，而非罪恶感，才是育儿的出发点。

不论我们怎么做，孩子都一定会遇到困难与挑战，就算我们是全世界最好的父母，我们也不能永远保护孩子。

我们无法做个完美妈妈，不如当个有缺点的妈妈，偶尔会生气骂小孩、爱对家人碎碎念、没有完美身材、会在菜市场为根葱跟老板讨价还价，这些通通不妨碍我们成为一个爱孩子、爱家庭的妈妈啊！因为不完美，所以一直在努力，一直奔跑在成长的路上，这不是一件很棒的事吗？

第二章

温柔坚定，
培养孩子好品格

一旦约定好，就要遵守承诺

孩子三岁过后就开始出现一种很难处理、让父母很头痛的情况：总想要把喜欢的东西买回家，如果大人说不行，他就会一直跟大人软磨硬泡，不达到目的誓不罢休。

有一次，妈妈带豆豆到商场，豆豆很想去玩具区看有没有拖拉机。那阵子他对拖拉机非常着迷，只要走在马路上，他都会一直问："有没有拖拉机？"如果看到拖拉机，他就会非常兴奋。

一、事先约定，避免陷入困境

在孩子的再三央求下，妈妈带豆豆到了玩具区。豆豆在玩具区找了很久，看到各种类型的车，但就是没有拖拉机。就在他想要离开的时候，竟然看到橱窗内有一部大大的拖拉机，是可以变成机器人的那种！

豆豆好兴奋，一直站在那边看着不肯走，还不断地跟妈妈说："妈妈，妈妈，我真的很喜欢这部拖拉机……我真的很喜欢啊。"

豆豆见妈妈没有反应，继续说："妈妈，你给我买这个拖拉机吧。"

妈妈说："家里已经有很多拖拉机了，都能开车展了，不能再买了！"

豆豆继续求妈妈："这个跟家里那些都不一样，我要买这个。"

妈妈火了，冲着豆豆喊道："不买就是不买，赶紧给我回家！"

一般听到妈妈这样说，孩子就会用一哭二闹的方式"逼迫"妈妈，有的妈妈可能会碍于面子妥协，有的妈妈则会威胁孩子："我数 123，给我回家！你不走我就自己走了啊，下次不再带你来了！"

这种情形，通常都会让本来心情愉快带孩子出来逛街的父母发怒，并狠狠教训孩子一番，最后弄得两败俱伤。

那么，如果遇到这种情况我们要如何正确应对呢？

在知道孩子要去看玩具时，我们就可以先跟孩子做一个约定。

妈妈：你想要去看有没有拖拉机是吗？

豆豆：对。

妈妈：OK，那我们先约定好，今天我们不买玩具。如果你答应这个约定，我们就可以去看玩具，但是如果你不遵守约定要买，那我们就会离开。你还要去看吗？

切记不要用一些我们"说到但无法做到"的事情来跟孩子做约定，例如"没有遵守约定就再也不来了"，因为我们不可能不再来。

豆豆很爽快地说："可以！"

尽管有了约定，我们也能想象到等一下孩子可能会有什么表现，但这是很好的学习机会，就算等一下孩子会哭、会耍赖，甚至会撒泼打滚，他也会因为这次经历明白，"用哭闹的方式是没办法达到目的的"。

只要有"事先约定"，大多数时候孩子都能遵守约定看一下就走。我们要相信一个事实：其实孩子也希望自己变得更好，成为一个更好的人，他不像我们想象中这么爱耍赖，只是有时他控制得住自己的行为，有时控制不住。我们应该相信并允许孩子尝试，让他体验不同的结果。

二、坚持原则，同理不处理

豆豆：妈妈，我真的很喜欢很喜欢这部拖拉机。

妈妈：好，妈妈知道，但我们今天不买玩具哟。（温和地坚持原则）

豆豆：（此时开始不能自已了，一直指着拖拉机说）可是我真的很喜欢这部拖拉机……我真的很喜欢……

妈妈：是的，妈妈知道你很喜欢。但是我们刚才有约定，今天不买玩具。你要是遵守约定下次可以再来，你要一直这样的话，我们现在就走！（同理不处理，温柔而坚定地重申两个选择）

豆豆：可是我真的很喜欢这部拖拉机……我真的很喜欢……（继续软磨硬泡，开始哭了）

妈妈：（蹲下来，抱着豆豆）是的，妈妈知道，妈妈碰到喜欢的东西也会这样，但是我们约定过今天不买玩具。

说着，妈妈就把豆豆抱起来。

豆豆：（继续一直重复着）可是我真的很喜欢这部拖拉机……我真的很喜欢……

这一步，对很多父母来说，是不容易做到并做好的。很多时候，我们没办法忍受孩子一直在那死缠烂打，一般只能持续10分钟左右。结果就是我们或者用对立、责备的方式处理，导致孩子更情绪化，或者最后我们会投降，跟他妥协。又或者我们会一直很理智地跟孩子解释与说明，阐述一个"好孩子"应该要懂得道理，但经验告诉我们，这样通常都是无效的。所以要同理孩子的情绪，但不要处理孩子的情绪。

三、适时离开，转移注意力

妈妈跟豆豆刚才有过约定：如果一直说要买玩具就离开，现在是时候让他体验错误选择的结果了。妈妈要适时离开，否则等到不可收拾的时候再走，最后将进退两难。

妈妈开始抱着豆豆慢慢离开，同时说："嗯，妈妈知道……来，我们要下扶梯了。"（温柔而坚定地把孩子带离现场）

豆豆知道要离开了，哭得更大声，说："呜……我想要继续看……妈妈我真的很喜欢这部拖拉机……"

妈妈说："嗯，是的，妈妈知道。"（同理不处理）

妈妈继续说："你看，我们要下扶梯了，要小心……"（**转移注意力**）

豆豆仍然继续更大声地哭着："呜……我还要看……呜……我不走，我要继续看……"

妈妈仍然继续走，抱着豆豆来到商场户外广场。在这里就算他哭得再大声，杀伤力也不会像在室内那么大。

到了豆豆最感兴趣的喷泉前，妈妈跟他说："看，是喷泉啊，你要过去看吗？"

豆豆一下就被吸引了："要。"

妈妈边点头边说："那我可以相信你现在不会再哭了吗？"

在妈妈这样的引导下，豆豆很自然地说："可以。"

于是妈妈就放豆豆下来让他自己走过去看喷泉，很快他的心情就转换了。

在豆豆从一直哭闹到最后情绪缓和下来的整个过程，妈妈一直是温柔而坚定的态度，没有用责备、对立等方式激发孩子更强烈的负面情绪。

我们常在路上、商场超市或游乐场等地方看到，很多父母会在苦口婆心劝说孩子停止哭闹无效之后，讲出以下这些话："我再也不理你了""再不牵好我的手，走丢了你就自己回家""下次我不带你来了"。

或是孩子不乖时，有些老人家会说："你小心点！再这样警察就来抓你了。""你再这样的话，圣诞老人今年就不会来啦。"一些父母也会讲："你不要这样，你再这样的话我就揍你了。"

这些话全部都是威胁、恐吓，且没有任何教育意义。孩子或许会在当下听你的话，但很快又故态复萌，这会让父母陷入一个无限循环，觉得"你看！我的孩子就是这样不听话"。

但这些恐吓的话都是大人捏造的，孩子慢慢长大后就会知道这些话都是拿来骗他的，我们在孩子心目中的形象就会大打折扣。

而且，在商场中，一些父母这样讲："你再这样子，我就再也不带你来了！"我相信说这些话的大人，多数还是会再带孩子过来，因此，久而久之，孩子就知道你不可能这样子对他，这些话也就失去效果了。

不难明白大人说这些话只是想告诉孩子"你再这样我就生气了"。但我们用生气来要求孩子，是无法让孩子在下次类似情境中做出正确选择的。我们看到那些从小被恐吓、被用打骂教育方式养大的孩子只要大人不在就会无法无天，因为他从来没有机会真正了解正确的选择是什么，错误的选择有什么结果。

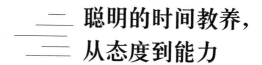

聪明的时间教养，从态度到能力

现在的父母要搞定缺乏时间管理能力的孩子，除了整天盯紧孩子的进度并唠叨、提醒之外，几乎不知道该怎么办。在这忙碌的时代里，我们不仅要学习使用时间管理工具，还要更新时间教养观念。

一、用具体时间代替"等一下"

> 妈妈：帮我打点水。
>
> 孩子：等一下。
>
> 妈妈：什么时候写作业？
>
> 孩子：等一下。
>
> 妈妈：什么时候去睡觉？
>
> 孩子：等一下。

最后父母开始发火："搞什么呢？你说等一下等一下，到底什么时候去做呢？"

很多父母并未意识到，孩子说的"等一下"正是从父母那里学到的，换个立场我们就能明白了。

孩子：妈妈，给我读绘本。

妈妈：等一下。

孩子：妈妈，给我讲一下这道题。

妈妈：妈妈在忙，等一下教你。

父母总习惯跟孩子说"等一下"，虽然很方便，但是孩子听起来会是什么感受呢？"等一下"究竟是等多久呢？是一分钟还是5个小时？当妈妈说等一下时，孩子心里很困惑：到底是什么时候呢？孩子相信妈妈口中的"等一下"，内心开始因期待"是现在吗？还没好吗？"而感到坐立不安。然而父母所说的"等一下"，往往和孩子认知的"等一下"是有差距的，孩子想的可能是五分钟，而妈妈心里盘算的可能是三十分钟，因此父母和孩子之间的对话就变成：

孩子：还没好吗？

妈妈：再等一下。

孩子：还没好吗？

妈妈：不是跟你说再等一下吗？

最后父母跟孩子发生冲突。

因为这种时间限定模糊抽象，导致提出要求的人在等待时产生莫名的压力，所以把时间限定说清楚，明确等待的时间，这样会比较让人安心。

比如，我们去外面吃饭，需要等位，当我们问服务员"大概还要等多久"时，如果服务员说"要一会儿"，估计我们会扭头就走，但如果服务员说"预计您还需要等待三十分钟"，这样有了大概的时间，我们就可以决定到底是继续等还是离开。我们都希望有一个等待的时间标准，因此容易理解的时间标准就是重点。

所以，正确的对话应该是这样的：

孩子：妈妈，什么时候可以吃饭啊？

妈妈：15分钟后就可以准备吃饭啦。

孩子：妈妈，什么时候可以出去玩啊？

妈妈：等时钟的长针走到2的时候就可以出门了。

说出具体时间，可以消除孩子内心的焦躁不安；最好预留充裕的时间，如果提早完成，会让孩子有惊喜感；要避免因为时间预留得不够而让孩子继续等待，这样会导致孩子产生烦躁的情绪。

二、巧妙利用"截止时间效应"

从心理学角度来讲，人的大脑都有一定的惰性，在没有紧迫任务时，人们很容易产生松懈情绪，降低学习和做事的效率。相反，当我们面临有截止时间的任务时，大脑就会产生紧迫感，然后全速运转激发出更强的动力，并取得较好的效果。如果孩子有拖拉磨蹭的问题，我们可以巧妙地利用"截止时间效应"，帮助孩子合理规划时间。

例如，孩子每天出门上学的时间是固定的，我们可以把这个时间作为"截止时间"，引导孩子思考如何在这个时间之前做好准备，按时出门。

父母：8点半上课，什么时间出门才能保证上学不迟到呢？

孩子：8点出门。

父母：嗯，那如果8点需要出门，几点吃饭来得及呢？

孩子：7点半。

父母：嗯，那你觉得多长时间可以把洗漱、穿衣、整理书包这些事情给做完呢？

孩子：半个小时足够了，我头天晚上就把书包收拾好就行了。

父母：这样把时间安排一下，实在是太棒了。

这样通过引导孩子设定一些具体的目标，我们就能帮助孩子养成自我管理时间的习惯。

把时间主导权还给孩子，我们要做的第一件事就是告诉他停止做作业的时间。让孩子知道我们每天8点检查作业，至于回家之后到8点之前事情的先后顺序该如何安排，由他自己决定。我们在这个过程中可以提醒时间，但不要催促，甚至哪怕孩子未写完，要承受隔天早起补作业的"后果"。后果处理完之后再来讨论如何改进。在这个过程中，我们要有强大的心脏，因为孩子可能会不断犯错，会把晚上的时间搞得一团糟。但是当孩子有机会按自己的方式做事，就算犯错也是好事，因为多数有价值的学习，都来自犯错。

当孩子将这些事养成习惯，我们就不用多费唇舌每天碎碎念了，我们只需要在孩子表现好时，给予肯定："最近一周你执行得都很棒呢，你已经很会管理自己的时间了。"

三、从小培养孩子时间观念

妈妈上了一天班好累，回家打开门，发现豆豆赖在沙发上玩纸飞机。

妈妈：作业呢？写好了吗？

豆豆：没……有……

妈妈：还没写完？现在都几点了？还不快去写作业！

豆豆：（一边答应，可身体一动不动）这就去。

终于，妈妈忍无可忍，破口大骂后，豆豆百般不愿地进到书房。

到了吃饭时间，妈妈已经做好了一桌子菜，她走到书房看看孩子写作业的情况。

妈妈：写了多少？

豆豆：（支支吾吾）还有……

妈妈：（愤怒）你在干吗，怎么还没写完？你到底要写到几点？

这种关于作业的拉锯战是不是每天都在家里上演？孩子写作业拖拉磨蹭是让很多家长苦恼的问题，我们以此为例来看如何培养孩子的时间观念。

1. 从小培养孩子的"时间感"。

我们可以用玩具时钟或定时器等工具来帮助孩子从完成某件事中认识"时间长短"，比如玩一盘象棋需要 10 分钟，自己洗澡需要 20 分钟等。

培养时间感最简便的方法就是将每天的生活节奏稳定下来，让孩子能预测与掌控即将发生的事件，这样才能慢慢磨出时间使用策略来。比如，先让孩子罗列出回家之后到睡觉之前要做的所有事项：吃饭、写作业、玩耍、洗澡、睡觉等；再将这些事排列顺序、分配时间并执行。让孩子从结构化的作息中了解自己做事的速度，这样孩子才会逐渐养成时间规划能力。

"今天有几项作业？你打算花多少时间完成？什么时候开始？"

引导孩子估计每项作业需要的时间，然后规划好每项作业的安排。就算他们估计错了，这个过程也可以帮助他们熟练时间管理的技能，随着年龄增长，他们会更好地掌控时间。

2. 时间由孩子自己掌握，迟到、迟交作业自己负责。

随着学业压力的增加，很多父母变得比孩子更急更累，会时常焦虑，然后碎碎念：

"还有哪几门科目没写啊？数学要考试了，你怎么都还没看啊？"

孩子希望别人尊重他，希望自己做决定，希望听到的是"你自己来安排，妈妈相信你"。

只要不违反大原则，我们应该大胆地让孩子安排自己的生活和时间。比如几点要睡觉、先写作业再玩还是先玩再写作业，我们都可以让他自己决定并执行，但要自己承担后果。

如果发现孩子觉得父母为他做任何事都是理所当然的，甚至说出指责父母的言语，如"都是你给我整理书包的时候忘把作业本放进去，害我被老师骂"，就说明我们平日为孩子包办得过多了，以致孩子已无法分辨学习到底是自己的事还是父母的事。我们一定要让孩子掌握自理能力和时间掌控能力，要让他明白：作业没写是他自己的责任；玩到太晚不睡，早上起不来上学迟到，也该他自己面对老师的批评。这些都是从小就要培养的自我管理能力。

3. 引导孩子体验成就感。

在孩子按计划完成功课后，父母可以安排一些孩子喜欢的活动，例如，允许孩子吃点喜欢吃的食物，或者玩一下游戏。但对孩子来说，最有意义的奖励是来自父母的肯定与赞赏。所以不要吝啬对孩子夸赞，告诉他："我看到你今天晚上看书学习很投入，你真是个努力用功的孩子！"

不断催促"快一点" 只会让孩子更磨蹭

"快点起床，上学要迟到了。"

"快去把玩具收一收，准备出门了。"

"赶快写作业，睡觉时间要到了。"

"快一点"适用于各种场合：快点起床、快点吃、快点去刷牙、快点写作业、快点去洗澡、快点上床睡觉……我们很苦恼：明明一天就只有二十四小时，为什么孩子好像觉得他有一百小时，做任何事都拖拖拉拉，只有看电视、玩手机不用催？

特别是眼看上学就要迟到了，孩子却还在磨蹭，视我们的催促为耳旁风，每当此时，我们心中就会燃起熊熊烈火，无法保持理智。面对拖拉磨蹭的孩子，父母究竟该怎么办呢？

一、约定时间，并预告提醒

妈妈：回家吧？

孩子：不要。

妈妈：时间太晚了，要回家了哟。

孩子：我不要回。

妈妈：妈妈回家还有事要处理。

孩子：不要，我还想玩。

这样的对话熟悉吗，是不是你跟孩子的日常？

孩子的专注力通常只限于眼前的事物，所以要给予他们换挡的时间，你可以提前几分钟提醒孩子准备回家。

"豆豆，还有 5 分钟，我们就得回家咯。"

被提醒后，孩子会自动慢慢转换心境，为回家做准备，这比强逼着他回家要好，不会因此闹得大家心情都不好。

另外，不同孩子的换挡时间会因年龄与个性而有所不同，我们可以根据经验给孩子不同的换挡时间，如若不合适，再调整即可。

预先提醒很重要，在出门之前，也可以跟孩子预告出门时间，并告诉孩子等一下我们要做什么。

"豆豆，我们再有 20 分钟就要出门了。我们要去找爸爸的朋友，到时会有两个小朋友跟你一起玩。"（然后每隔几分钟就提醒一次）

"还有 10 分钟哟！现在可以开始收玩具了。"

"还有 5 分钟就要出门了，请马上开始收玩具。"（语气可以随着时间的逼近而趋于严厉）

二、陈述事实，给孩子有限选择

"快点吃，再不快点，上学要迟到了！"

"快一点！你到底要我讲几遍！"

我们经常脱口而出的"快一点"，其实是我们内心焦虑的反映，但在推动孩子的行动上并无效果。我们可以改变说话方式，通过陈述客观事实来提醒孩子。

"豆豆，早餐时间还剩 10 分钟哟。"
"离 7 点半还剩下 10 分钟。"

若孩子喜欢和父母一起出门，那么我们可给孩子提供有限选择。

"7 点半以前吃完，我们就可以一起出门，不然我就要先出门了。"

不催促"快去写作业"，而是给孩子提供有限选择。

妈妈：宝贝，先做数学作业还是先做语文作业呀？你来决定。
孩子：妈妈，我先做数学吧，做完数学再去做语文。
妈妈：哇，宝贝你自己就把学习安排好了，上了一年级就是不一样。

得到肯定后，孩子心里会想："是啊，我越来越有时间观念了，我越来越自律了。"

三、教孩子预测后果

说"快点……"是没有用的，我们不该只下命令，而应提供一个逻辑，教孩子预测行为的后果，并明白事情应当以何种方式或在哪个时间完成。让这些成为孩子思考过程的一部分，那他以后无须被告知也知道该如何去做。你可以这样说：

"宝贝，只剩 10 分钟吃早餐的时间了，不然上学会迟到。"

提醒完之后，就不用再说了，如果孩子还是动作很慢，那就让他体验一下上学迟到的后果吧。

四、把语言变得更有趣

如果我们催促半天，孩子都出不了门，可以试着把催促的事情，如"快点穿衣服""赶快收玩具""你到底要不要走啊？"换成好玩的事情，如"我们去找其他小朋友玩吧！""出发去搭地铁啦！""等一下我们去的地方有好玩的东西哟！"

用好玩的亮点引诱孩子，增强孩子出门的意愿。等孩子说"哦耶！好啊，好啊！"时，再告诉孩子出门前要做的事情："那我们先把玩具收拾好吧。"此时已经"上钩"的孩子，会更愿意动身去做的。

另外，我们也可以采用把任何事情都变好玩的神奇咒语。

"我们来比赛，看谁先到门口穿好鞋子！"
"我们来比赛，看谁玩具收得最多。"

孩子对于"比赛"这两个字几乎毫无招架之力，很难不被吸引。即使孩子一开始装作不在意，但只要我们摆出准备起跑的姿势，嘴上喊着"预备，开始"，然后慢慢起跑，孩子一定会冲得比我们还快。

要孩子动作快且有效率，需要给他慢慢练习的时间。6 岁前不是一个适合处处被催促的年龄段，孩子也不会因为我们的催促而变得更快更有效率。

五、用简单词语代替唠叨

"我跟你说过多少次了，记得带水杯，你怎么总是忘？你是聋了吗？"
"我不是要你写完作业洗完澡再去玩吗？饭吃完了吗？记得收拾

碗筷，听到了没？"

当我们总是念叨着孩子要把功课做好、要把玩具收好、要乖乖坐着吃饭时，多数孩子心里想的是："拜托，我会做！你好啰唆，真是烦死了！"生活中大小事都要管的父母，会让孩子产生被动式抗议。

我们可以换位感受下，假设你是公司的职员，老板每天经过你的办公桌时，都要念叨两句，或是嫌你桌面太脏乱，或是纠正你衣服搭配不合理。每次你正专心工作，他就来打扰，你的心情还愉快得起来吗？

孩子在家里每天被父母唠叨，感觉很烦还不能"辞职"，必须忍气吞声，当然就会越来越"耳聋"。

孩子做得不对，我们需要及时指出来，但是絮絮叨叨效果并不好，孩子不仅不会按你说的做，甚至都没认真听你说话。那应该怎么做呢？

用简单的词语或句子说出最核心的内容。孩子不喜欢说教和长篇大论，对他来说，越短越容易记住，越有效。

对比一下：下面哪句话会给孩子更深的印象？

"我跟你说过多少遍，穿上睡衣穿上睡衣，你就知道玩。答应好的看完电视就换睡衣，我怎么没看到你有什么动静呢？" （语言唠叨，会让孩子产生厌烦和对抗）	"豆豆，睡衣！" （语言简练而有力）

孩子出门时忘记带水杯，可以指着水杯说："宝贝，水杯！"

孩子上完洗手间忘关灯了，可以指着灯说："宝贝，灯！"

快到约定的睡觉时间了，孩子还在玩，可以指着手表说："睡觉时间快到了哟。"（温柔而坚定的语气特别重要）

跟孩子约定好的玩手机的时限到了，他还没关，你不要在远远的地方隔空喊话、唠叨不停，直接跟他说"时间到了"，同时走到他身旁明确要求关机，用行动取代唠叨。

── 做"惯例表"而非下指令，
── 增强责任感

孩子时常忘东忘西，总让父母感到头痛，有时一再提醒，也不见有效。

> 下午放学，妈妈接到豆豆，一边走路回家一边问……
>
> 妈妈：今天带的水有没有喝完？
>
> 豆豆：啊！我忘了！
>
> 妈妈：（很不耐烦地指责）我都跟你讲过多少遍了，要喝水要喝水，你怎么又忘了？喝个水有这么难吗？你耳朵长哪里去了？你成天在学校干吗呢？
>
> 妈妈训完豆豆便要他把水全部喝完。豆豆低头不语。
>
> 妈妈：我看你什么都记不住，哪天连你自己都忘了带回家，我看你怎么办？

显然，妈妈对于豆豆每天都忘记把水喝完这件事非常在意。然而，她每天的提醒一点用都没有。面对这种情况，我们该如何做呢？

一、用"惯例表"提醒孩子

"要记得喝水！"

"要记得带饭盒！"

1. 不要再说"要记得……"

总是命令孩子只会让孩子产生反抗心理。很多父母只会发出指令，要孩子去完成"要记得"这个任务，而只有文字的指令，往往无法在孩子与任务之间建立任何有效连接，他们很容易在下一个情境中不知不觉就忘了。

2. 营造画面感，孩子更容易记住。

女儿上幼儿园后，我开始以"惯例表"的方式告诉女儿，每天早晨起床后需要做的事有哪些。我把这些事情画下来，做成日常惯例表后，贴在家中显眼的地方。我记得那时候女儿每天都会很开心地期待起床，因为起床后就可以展开一整天的历程。

1. 起床　　2. 换衣服　　3. 刷牙洗脸

4. 吃早饭　　5. 漱口　　6. 再次检查书包

当我们以生动的"惯例表"方式提醒孩子时，孩子会更容易记住。如果每天上学之前都按照这个程序操作，孩子就会形成习惯。当孩子忘记时，我们可以这样提醒他：

妈妈：小雅，还记得我画的惯例表上，漱口之后应该做什么吗？

女儿：（想了一下）啊，我忘了妈妈，我去看一下。

女儿：我看了下，是要检查书包，妈妈我这就去检查书包。

二、帮助孩子学会自我负责

孩子忘了带水壶，有些父母会把水壶送到学校，还会替孩子向老师道歉："是我忘记帮他把书包整理好。"可是这真的是父母的责任吗？

当孩子忘记带课本回家，或是忘记带作业、饭盒等去学校时，那正是我们培养孩子自我负责的时候。我只在女儿小学一年级的时候帮她送过东西到学校，之后就再也没有送过了。孩子需要知道哪些是自己的事，并为自己的事负责。

我在讲座上常会问家长："孩子如果真的忘了带学习用品，会发生什么严重的后果吗？"家长们说："会没办法上课、会无法完成作业、会被老师骂或罚、会被扣贴纸、会……"

仔细一听，父母所担心的事情不都是该孩子自己负责的事吗？怎么都变成父母的责任了呢？其实，父母凡事过度操心反而会让孩子不知所措，更别提学会对自己负责了。

当孩子因为遗忘而无法完成任务时，那就让孩子自己去承担后果。如果我们凡事都帮他们解决，他们就会越来越漫不经心，也容易养成"反正爸妈会善后"的心态。我们这样做不但不是帮孩子，反而是害了孩子。**不是孩子有责任感了你才放手，而是你放手了，孩子才会形成责任感**；允许孩子犯错，而且要让他自己承担后果。

豆豆把笔弄丢了。（妈妈事先跟豆豆约定过：如果东西丢了，一个礼拜之后家里才会给他买新的）

妈妈：豆豆，你的笔弄丢了，怎么办？

豆豆：（想了一下）我可以用自己的零花钱再买一支，也可以跟同学借来用。

妈妈：嗯，笔丢了之后，没有笔用的话就会很不方便，妈妈相信你以后会更用心地保管自己的东西。按照咱们之前约定的，一个礼拜后妈妈会给你买新的。

孩子的东西不能一丢了就立刻重新买，这样他会觉得什么东西丢了都无所谓。只有当孩子意识到东西丢失后的不方便，他才可能认真保管自己的东西。

三、学会放手，让孩子自己成长

"你怎么每次都忘记……我不是跟你说要……"

"我都说了几百遍了，你能不能长点记性啊？"

这些话是不是很熟悉？说了"几百遍"孩子都没记住，有时反而令孩子烦躁恼怒，这说明之前说话的方式都是无效的，只有改变沟通的语言才行。那么怎样说才能让孩子听话又不破坏亲子关系呢？

1. 告诉孩子其实你也不想唠叨。

妈妈：我已经注意到你经常忘事，而且总得我提醒你。可我提醒你的时候，你又觉得很烦，结果我们俩都不高兴。所以，我想找一个好点的办法。

2. 问孩子希望怎么被提醒。

妈妈：你觉得，要是你忘事了，我该怎么提醒你更好呢？

豆豆：我不知道。

当孩子回答"我不知道"时，请不要放弃。一定要坚持跟孩子一起找到他的答案。通常，孩子更愿意被一些手势、信号或者暗语提醒，而不喜欢被大人直接告知。你可以帮助你的孩子找到问题的答案。不过，请记住，答案一定要来自孩子，而不是你。

所以，父母可以这样做：

妈妈：今天水有没有喝完？

豆豆：啊！我忘了！

豆豆被妈妈这么一问，才想起有水要喝完这件事。

妈妈：嗯，今天是因为什么给搞忘记了呢？你有没有什么好办法来提醒自己喝水呢？

豆豆：我可以写个便利贴，贴在我的水壶上，这样我就不会忘记了。

妈妈：听上去是个不错的主意啊，要不我们明天试一试，看看有没有效果？

孩子倾向于对自己的决定负责。也就是说，让他告诉我们，他希望我们如何来提醒他。当我们用他选择的方法来提醒他时，通常他会更有可能去完成我们要提醒他的事。

孩子不会故意讨骂，只是需要长时间的练习。我们要学着缓解自己的过度担忧，慢慢把属于孩子的责任交还给他，我们可以在一旁陪伴协助，用爱和耐心重新建立与孩子之间的信任，这样孩子才会相信自己可以做好。

── 教孩子懂得感恩，
── 避免成为"白眼狼"

　　身为父母，我们都希望孩子自信而不自大，因此常常教导孩子要谦虚。不过，在自信和谦虚之间，我们常忽略一个重要的层面，那就是要懂得感恩。因为懂得感谢别人的付出，知道自己成功的一大原因是得到了别人的帮助，孩子就会谦虚待人。

一、父母的身教是最佳示范

　　孩子就像海绵一样，通过观察与模仿来学习。孩子时刻都在观察我们待人接物的方式，因此，我们要做孩子的榜样，怀着感恩之心与他人互动。

　　现代社会，大家都工作忙碌，在教养过程中，一些父母可能会无心地用情绪化的言语跟孩子说话，比如"你乱丢玩具，难道不知道我每天工作很忙、很累吗？""再这样下去，我就要疯掉了！"等，将负面情绪倾泄在和孩子的对话当中。

　　"你知不知道，我当年都是因为你，才没跟你爸分开。你妈我连工作都不要了，辞职在家带你，都是因为你！我都熬成了黄脸婆，你这样，对得起我吗？"

我们说的这些话，犹如刀子扎在孩子的心上，不但无法让孩子学会感恩，反而会让他产生罪恶感和羞耻感。别把工作上的坏情绪加诸孩子身上，只需说出自己的真实感受即可。

当孩子做了捣蛋事时，我们要用温柔坚定的口气当着他的面说：

"妈妈今天工作有点累，帮我一起来把玩具收拾好，做我的小帮手，好吗？"

当他和我们一起收拾时，记得要感谢他、赞美他。

"你真的帮了妈妈很大的忙，谢谢你宝贝！"

感恩的外在表现是有礼貌，懂得说"谢谢"，懂得回礼。但更重要的是内心，即发自内心地感谢别人的帮助和给予。对孩子来说，这是个复杂的观念，年纪小的孩子往往不太懂。这种情况下，我们应该提醒他们感恩的原因。

"叔叔阿姨给你糖果，要说谢谢！不管你喜不喜欢、要不要，都应该说谢谢！"

二、用心引导，培养孩子感恩心态

我们常会懊恼，为什么别人家的孩子可以这么有礼貌，自己的孩子不提醒就不会问好或说"谢谢"呢？

女儿四岁时，有一天她拿来一个包装非常密实的玩具对我说："妈妈，请你帮我把这个打开。"我费了九牛二虎之力才打开，把里面的玩具拿出来给她。她很开心，笑了一下转身就走了。我把她叫住，对她说："不客气。"她立刻响应说："谢谢妈妈。"

我跟她说"不客气"，她才记得说"谢谢"，可事情不该是这样的！那我们该怎么提醒孩子呢？更重要的是，我们该怎样培养小孩发自内心的感激之情呢？

其实，培养孩子的感恩之心也是需要家长引导的。中国家庭很少说"谢谢"，这就容易让孩子认为父母为自己做的事情都是理所当然的。

很多人都有个"爱吃鱼骨头的妈妈"吧？以前生活条件不好，妈妈不舍得吃鱼肉，会留给孩子，自己啃鱼骨头。

孩子小的时候，懂得不多，妈妈默不作声给孩子留鱼肉、挑鱼刺，是可以理解的。但随着孩子逐渐长大，父母要在对他好的同时，讲明为什么这么做，而不应一味默不作声地付出。父母爱孩子也需要言语表达，需要告诉孩子你的爱，否则孩子会一直以为妈妈是真的喜欢啃骨头，会认为父母的这些行为是理所应当的，而不会因此感恩。妈妈可以直接告诉孩子：

"你爱吃鱼肉，妈妈也爱吃鱼肉，这鱼是给大家吃的，不是你一个人的。你还太小，不会挑鱼刺，妈妈才挑完刺给你吃，但这不代表妈妈爱吃鱼刺，妈妈也爱吃鱼肉。"

当小孩子能够听懂话时就应该跟他互动了，同时，还要引导孩子回馈父母。

"妈妈给你这么多鱼肉，是因为妈妈爱你，你也爱妈妈对吧？那你能给妈妈一块鱼肉吗？"

"等你长大了，妈妈老了，你也会给妈妈挑鱼刺，对吧？"

培养孩子发自内心地感恩，最好是先让他看到别人的给予和帮助，并让他思考别人为什么这样做，再问他的感受，最后连接到感恩的行为。这样孩子每一次说"谢谢"时，这个逻辑就会重复，进而强化他的感恩之心。

1 看见	是否注意到别人对我们的好
2 思考	别人为什么对我们这么好
3 感受	这件事给我们带来什么感觉
4 行为	做什么来表达我们的感谢

举例来说，如果孩子去买棒棒糖，便利店的老板说："妹妹好可爱，来，多给你一支。"可能大部分父母接过来交到孩子手上，会对孩子说："你要说谢谢哦！"

其实孩子说"谢谢"时，不一定知道为什么要这么做，他只会因为多了一支棒棒糖而开心。

我们可以这样跟孩子说，以强化感恩逻辑。

"你只买一支棒棒糖，但是老板多给了一支，有没有注意到？你觉得他为什么多给你一支？"

对于很多孩子来说，这可能是个困难问题，但我们还是要问。也许我们可以替孩子解答：

"因为这个老板喜欢你，他觉得你是一个很可爱、很乖的小孩，你在旁边没有吵闹，静静地等待，真的很棒。你现在拿到两支棒棒糖，感觉如何呢？"

孩子：很开心。

父母：那要不要跟老板说谢谢？

这个就是从看见、思考、感受，最后到行为的完整过程，它可以让我们跳出只去做礼貌的事情的逻辑。尤其是当我们把感受和行为联结在一起时，一种发自内心的感恩之情就形成了。

三、以身示范，把"感谢"挂在嘴边

感恩，可以从哪里开始？不如从我们口中的那口食物开始。告诉孩子："好吃的小熊饼干是用磨好的面粉做的，面粉来自农民伯伯种的小麦。所以，我们应该感谢农民伯伯啊！"

生活中有很多小事，都可以用来引导孩子心怀感恩，比如别人的工作为我们的日常生活提供了便利。

"因为有早起的公交车司机，我们才能准时到校，所以上下公交时记得向司机说'谢谢'。"

"狂风过后，街上满是被风吹落的树枝、树叶，脏乱而危险，但很快就会被清洁人员清扫干净，所以要对身边的清洁工阿姨说'谢谢'。"

借由这些生活中最普通的事件，让孩子了解到我们的生活需要许多人的付出才会如此便利，所以要对这些人说"谢谢"。

心怀感恩，让大人、孩子不把地球的资源和他人的给予视为理所当然。

心怀感恩，才能让孩子懂得尊重。

对年纪太小的孩子不需要说明这么做的原因，毕竟他们并不一定听得懂，只需教他们去感谢，让他们养成凡事感谢的习惯。随着孩子渐渐长大，当他们理解这样的行为是感谢别人，并知道原因后，自然也就理解何谓感恩。

请孩子帮我们做家事、照顾弟弟妹妹、陪我们去上班……让孩子有机会参与大人的生活，而非我们帮他做完生活中的大小事情，这都能帮助孩子学会感恩。因为有了实际感受，孩子才会发自内心地感谢。要记住，懂得感恩的孩子，才能自信而不自大。

每个人都希望自己可以使得别人开心，借着别人的感谢，感受自己存在的意义，并因而确认自己是有价值的人。多说"谢谢"，一定能够让孩子的笑脸如花朵般四处盛开。

所以，尽管孩子有时皮起来像魔鬼，但乖起来的时候，他贴心得像个天使。当他主动帮忙拿东西的时候，当他愿意安静画画的时候，当他不吵正在谈话中的大人的时候……这时我们也别吝啬表达心中的感谢：

"谢谢你帮妈妈拿东西，这样妈妈就轻松不少。"
"谢谢你帮妈妈按摩，这样妈妈的手会舒服多了。"
"谢谢你愿意等待，你的举动很贴心，让我可以安心跟姑姑讲很重要的事情。"

从我们真诚的感谢当中，孩子得到了我们的肯定，也学习到人际相处的重要方式。我们也会发现，让家中充满感谢，是多么温馨浪漫的一件事。

可以使用这样的句式：**感谢你／谢谢你的_____（具体行为＋贡献）**。这样的话语不仅可以跟孩子说，还可以跟其他家人讲。

"感谢你一直包容我的坏脾气。"
"亲爱的，感谢你每天给我做好吃的。"
"宝贝，谢谢你的到来，才让妈妈变得更好。"
"感谢你刚刚自己玩，让妈妈可以早点把手头的事情完成。"

让孩子不再撒谎的秘诀

孩子故意说谎的情况，大约出现在 9 岁。年幼时常被父母骂"你又在说谎了""你是爱说谎的人"的孩子，长大后故意说谎的倾向也更明显。

一、孩子为什么会说谎

孩子故意说谎的原因有两种：一种是为了保护自己，另一种是故意欺骗别人。如果孩子常常为了保护自己而说谎，我们就要检视自己是否存在过于严苛或是容易动怒，而且常常不遵守和孩子的约定等问题，因为孩子很可能会为了逃避来自父母的压力而说谎。

孩子恶意欺骗说谎的情况，需要引起我们的高度关注。我们要深入了解背后的原因，从根本上解决问题，才能有效杜绝恶意的谎言。

1. 父母没有承受真相的能力。

有时孩子撒谎是因为父母没有接受真相的能力。孩子会认为，在大人无法接受真相的情况下自己只能选择说谎。我们在孩子眼中太过于脆弱，孩子担心我们承受不住事实："我告诉你我跟别人打架了，你一定接受不了，那我就不告诉你真相了。"

2. 亲子间存在信任危机。

"你没做，老师会冤枉你吗？"
"老师都有证据，你还死不承认吗？"

不管是否被人冤枉或误解，此时孩子已经感到非常无力了，如果我们再横加指责，孩子会更难受。

很多时候孩子不愿意对我们说实话，是因为他不信任我们，因为他曾经有过说了真话反被嘲笑或批评的经历。比如，我们告诉孩子，"只要你说实话我绝对不生气，不惩罚你"，但孩子说了实话后，我们却气恼抓狂，最后还惩罚了孩子，结果，孩子就不再信任我们了。

遇到这种情况，我们不能跟孩子生气，质问他说："你怎么可以不信任我？"而应该反思："孩子为什么不信任我？"这两者是完全不一样的。前者的中心是在我们自己，焦点是我们自己的尊严和感觉，后者的焦点则是在检讨亲子之间的信任机制。

信任孩子是一种非常重要的能力，被父母信任的孩子，会更诚实且负责任。我们要先让孩子知道："你说谎会让我很伤心。"接着要弄清楚孩子说谎的原因，在这个过程中，要把解决孩子的困扰放在首位，不必执着于事实的黑白。

二、不要总是问孩子"为什么"

父母：你为什么总是喜欢动手打人啊？
孩子：是他先惹我的！

孩子在超市奔跑、在朋友家乱动别人的东西、在公共场合大声喧闹、动手打人、破坏公物……这类行为是不被允许的。不行就是不行，不要问他"为什么"。

1. 问"为什么"只会养成孩子狡辩、说谎的习惯。

父母：你为什么打弟弟？

孩子：我没有打！

父母：你为什么没完成作业？

孩子：因为我手疼，写不了字。

父母：你为什么迟到？

孩子：因为路上堵车了。

"为什么"是询问原因的疑问词。试想，如果我们这样被人质问，会怎么回答呢？比如我们不小心打破了杯子，如果有人问，"你为什么打破了杯子？"我们会怎么回应？"因为手滑啊。""因为太烫了啊。"我们一定会绞尽脑汁找个合理的借口。

当我们问孩子为什么时，通常带着怒气，表面上看起来是询问孩子理由，实际则是质问。质问就会让孩子害怕，情急之下孩子就会说谎。可迫使孩子捏造借口之后，我们又会进一步责怪孩子："这是什么理由？""不要找借口！"因此问"为什么"根本解决不了问题。

2. 用"怎么做？"来代替"为什么？"

"你认为该怎么做呢？有什么解决办法呢？"我们这样问孩子，目的是指向解决问题的，可以引导孩子去思考接下来该做什么才好。

父母：今天迟到了，我们怎样做才能不迟到呢？

孩子：以后我们提早10分钟出门，预留出可能堵车的时间。

父母：嗯，这是个不错的主意。

孩子：我还可以把闹钟音量调大，这样我就不会起不来了。

父母：嗯，这个方法很赞哟！

问孩子"为什么"只会让孩子编造谎言搪塞，而问孩子"该怎么做"

则是引导孩子采取行动改正错误、改善不足。在父母的不断鼓励和肯定下，孩子的行为会越来越好。

三、保护孩子的自尊，奖励孩子诚实的行为

> 父母：你为什么要拿家里的钱？
> 孩子：……
> 父母：你不说是吧，你再不说我揍你了啊！
> 孩子：我没拿，不是我拿的。
> 父母：你还嘴硬是吧？

有时我们死死抓住所谓的"事实"不放，非要明确个是非对错，其实这样很容易伤害孩子的自尊。

1. 孩子也要自尊。

很多情境会让孩子不敢说实话。比如，我们让孩子负责给花浇水，结果孩子忘了，我们询问时孩子害怕被责怪，于是说了谎。孩子为了保住面子而撒谎，他自己也顶着很大的压力，此时，我们大可睁一只眼闭一只眼，不去戳穿谎言。当孩子发现了我们的包容后，就不会再撒谎了。

2. 不处罚本身就是一种奖励。

如果孩子能主动承认自己未经允许拿了家里的钱，那么我们可以跟孩子说："谢谢你能诚实地告诉我。"同时不再因拿钱的事惩罚孩子，否则就会给孩子造成困扰：明明说了实话，为什么最后还是被惩罚了？孩子还会产生这样的想法：早知道会被惩罚，当初说谎就好了。所以，当孩子诚实说出来的时候，为了奖励诚实，父母就不要计较了，只是针对孩子未告知父母就拿家里钱这个行为，我们先去寻找原因，然后给予纠正和正向引导即可。

四、了解孩子谎言背后的正向意图并加以引导

每个父母都讨厌孩子撒谎。可是孩子为什么撒谎呢？想必很少有父母真正了解过。

我曾辅导过一个 11 岁的男孩子，他充满活力又热爱运动，我们彼此关系不错，有一定的信任感，很多事我们都能敞开直说。

有一天我们闲聊，刚好聊到他感兴趣的滑冰，他突然神采飞扬地对我说："老师，你知道我滑冰很厉害吗？"

"我之前没有听你说过，今天第一次听到哟。"

"我滑冰都练很久了，之前还参加过比赛，你知道我第几名吗？"

"我不知道，但我很想知道！"

他笑笑看着我，缓缓伸出他的右手比出了一个数字。

"哇！第一名吗？你太厉害了吧！能多说一点吗？"

"嘿嘿，我今年暑假去参加新加坡的儿童滑冰赛，拿到了冠军。"

"哇哦，那么远啊？快给我讲讲，我很想听，我很好奇这件事！"

"还好啦，这个还不是我最厉害的比赛呢……"他表情中带着得意。

我静静地看着他，听他讲着。

如果换作你，你会是什么反应呢？在他的话语中，你发现了什么？是夸大的言辞、满口的谎言，还是其他呢？若你觉得这整段话都是孩子的夸大言辞，你会趁他露出更多破绽时戳破他吗？当你觉得这是他满口的谎言时，你会直接斥责他胡扯，教育他做人不可以撒谎吗？

我们不妨先抛开这孩子话的真假，回到孩子的描述本身，想象一下在他的描述中他自己看起来是什么样的形象？这个形象是正面的还是负面的？这个孩子心里真正想说的是什么？他通过描述想要传递关于他自己什么样的特征？勇于挑战、很厉害或是不轻易放弃，还是都有可能？如果我们理解了孩子对自己的想象，这时候我们又该如何回应他呢？

"这还不是最厉害的挑战呀？"我突然感受到孩子想要表达的意思并试着回应他，"我猜，能够在自己感兴趣的领域做出成绩，并得到大家的肯定，对你来说应该是很棒的一件事情吧？"

"嗯……"孩子似乎被说中了什么，陷入沉默，之后他开始聊起自己遇到的挫折。

几乎每个孩子都喜欢且需要被关注，尤其是被正面关注。然而每个孩子的能力或条件不一样，有些孩子学习好，更容易获得老师的赞赏、同学的青睐，在人际关系中如鱼得水；有些孩子学习虽然不好，但同样也希望被认可、被奖励，于是说谎就可能成为满足自己这种需求的手段，比如向同学夸耀自己的家庭条件、人际关系以及校外表现等。

因此，当我们看到说谎是来自孩子对肯定的需求时，我们可以把这种说谎看作是孩子内在渴求的外在展现，他想通过夸大对自己角色的想象，向大人表达："请看看我，我也有好的一面，或许不如其他人那样，但我也希望得到你的肯定。"

此时谎言只是一个媒介，想被看见和肯定才是关键。所以，我们该思考的是"为什么孩子的这种需求没有得到满足呢？是哪个部分的缺失或不足呢？"也可以和孩子一起讨论，但沟通的原则是尽量不把焦点放在说谎这件事上，而应以孩子的需求为出发点。

"我听你说这些，感觉你似乎很希望他人看到你很厉害的一面，这对你很重要，对吗？"

孩子不见得会马上承认这一点，毕竟直视自己的内在需求并且坦诚地说出来，并不是件容易的事情。因此沟通时，尽量贴近孩子的需求去说话，这样孩子才能比较容易听进去，毕竟如果谎言是为了包装自己的真正意图，当意图被看到了，谎言就没有存在的价值了。

第三章

张弛有度，
培养孩子高情商

二 孩子爱哭脾气大，
父母应当先缓解情绪

孩子闹脾气通常是因为不知道如何用语言来描绘自己的情绪，如生气、烦躁、不安、害怕、紧张等。此时，我们如果能读懂孩子的情绪，理解并帮忙解决孩子内在的需求，他就不需要继续闹脾气了。

一、不要压抑，让情绪正向流动

"不可以生气！"
"这没什么好难过的！"

否定孩子的感受，只会让孩子更没有同理心，更不知道该如何处理自己的情绪。

情绪一定不能压抑，一旦压抑失败，就会引发更多负面情绪。

豆豆又"生气"了。对此，他感到很"自责"。

上台前，小明又开始"紧张"了。对此，他感到很"绝望"，认为自己真的很没用，改不掉老毛病。

因为压抑而出现的新情绪常常喧宾夺主，遮蔽了原来的情绪。两种情绪交织在一起，让我们更难捕捉到原本可以处理的初始情绪。

当我们心力交瘁时，面对孩子的耍赖，脱口而出的话语往往是要压制孩子的行为及情绪，例如：

"你再不走，我就要拿棍子打你了！"
"你不要再跺脚了，不然警察叔叔会来把你带走的。"

当孩子的情绪找不到出口，又被强硬地压制时，一不小心就会爆炸，孩子开始尖叫、大哭。此时，如果我们总是对孩子说："不要哭了，不要乱发脾气！"那么久而久之，孩子就学会了压抑情绪。

父母带着豆豆跟几个朋友在外面聚餐，豆豆和朋友家的孩子一起玩。父母和朋友们在聊天，不一会儿就听到孩子们争吵起来，一开始大人们并未理会，不久，哭声就传来了。

"妈妈，他抢我玩具。"

遇到这种情况，很多父母的做法就是跟孩子说：

"别哭了！有什么好哭的！"（否定）
"哎呀，你这还有其他玩具呢，你玩别的，先让弟弟玩一下嘛，平时在家也不见你玩啊。"（讲道理）
"别哭了，你有完没完，有什么好哭的，下次不带你出来玩了。"（威胁）
"哎呀，别哭了，等下妈妈给你买你最爱吃的冰激凌好不好，你先玩别的。"（转移）

孩子听到这样的话之后，只会哭得更厉害，因为他们的情绪不但未得到疏解，反而受到刺激。那么，遇到这种情况，我们应该怎么说呢？

"你怎么了，说给妈妈听听？"

当孩子哭着开始讲述事件的经过时，我们会发现，孩子讲着讲着就不哭了。因为说完之后情绪得到释放，两个孩子很快又玩在一起了。

二、当一面镜子，和孩子同理

三岁以后，孩子开始社交，难免会跟同伴发生冲突。比如，孩子因为抢不到东西就会大哭。此时，很多父母倾向于跟孩子讲道理。

"不要哭，有什么好哭的！"
"失败是常事啊。"
"你不要生气啊，总有赢的时候。"

我们以为这样做是安慰孩子，实际上孩子情绪并未得到疏解，反而哭得更厉害了。

与其说"不要哭""不要难过"或者"我来帮你"，不如像镜子那样"照"出孩子当下面临的状况："你看起来很生气／沮丧／难过……呢！"并重新描述一下刚刚的事情：

"刚刚小朋友抢了你的玩具，所以你很生气。"
"刚刚你一直做不好，所以很沮丧。"

如，孩子因为堆积木失败而崩溃大哭，很多父母会说：

"玩个积木也要哭？丢不丢人啊，不要再哭了！"

这样说只会让孩子否定负面情绪，进而压抑负面情绪。建议你这样说：

"你因为积木搭不起来，所以很难过，很想哭，对不对？"

孩子听了这样的话便会在脑中形成正确的表达逻辑，并从中认识、认清当前自己的状况是什么。经过几次练习后，孩子就能进一步地精准表达，并向身旁的人寻求帮助。

当孩子闹脾气时，我们要允许孩子哭，要陪伴孩子并跟他共情。我们做孩子的镜子，实际也是和孩子同理同频，如跟孩子表情同步，他皱眉我们也皱眉，他坐在地上，我们也一屁股坐在地上，同时说出孩子的情绪。

"宝贝，你是难过了，对吗？抢不到玩具是会难过的。来，妈妈陪你。"

我们这样做的话，相信用不了几分钟，孩子就不哭了，因为他的哭得到了允许，他的情绪得到了释放。

常见的反映孩子情绪的句型有以下这些：

"我猜想你是感觉……"

"也许你感到/觉得……"

"听起来/看起来……"

"你是不是感觉……"

"从你的行为中，我猜想你是觉得……"

"听起来你感觉到……"

"所以你觉得……"

"而那使你感到……"

"我听到你说……"

三、找出并解决产生负面情绪的根源

我们要尽早教孩子认识愤怒、伤心、恐惧及嫉妒等强烈的负面情绪，告诉孩子这些情绪从何而来等，并让他知道有情绪不是一件坏事，但要学会如何疏解。

我的女儿小雅三岁时，有段时间在早上起床后总是莫名地哭，不要我走开忙自己的事（她想要我在床上陪她），她会大哭着说："妈妈来……"（原来她想尿尿，但不会明确表达）。

上完厕所后，小雅安静下来。我问："你记得刚刚在哭什么吗？"

小雅说："忘了。"

吃中饭时，小雅说："我早上哭什么呢？"我问："你知道吗？" 小雅说："我哭你。"

我接着问："你哭妈妈没有照你的意思做，对吗？"她点点头。

我又说："你其实是身体不舒服，想要尿尿，但你又不确定，是吗？"小雅的眼睛亮了起来。

我说："有时你有你的主张，妈妈有妈妈的需要，当我们的需要不一样时我们就撞上了。有时你要放下主张等妈妈，有时妈妈要放下需要陪你，那以后我们经常轮流来好不好？"小雅想了想，然后点头同意。

我又说："重要的是，你要听你身体在说什么，然后大声帮你的身体说话，饿了或者想尿尿都要大声说出来哟！"小雅点点头。

有时，孩子行动表现传达出的信息很难处理，但那只是孩子无法聆听自己内在真实的挣扎。如同小雅只是想尿尿，结果不会表达，只好哭闹，弄得大家都很疲惫。所以我们不仅要接收孩子情绪的表面信息，还要看到他想要表达的更深层的信息。

二 和孩子一起面对
而非逃避负面情绪

　　情绪这个话题让我们非常头痛，不知该如何教孩子，主要是因为我们一直以来的文化很重视智力教育，不太在乎情绪教育，这就导致国人在成长过程中，知道如何追求成功和卓越，却不知道该如何关照好自己的情绪。

　　当今社会，孩子面对的压力也比较大，如果我们不重视孩子的情绪，他在成长过程中就会出现很多问题。不管是亲子冲突、校园霸凌，还是严重的自残自杀，往往都源于我们对情绪教育的长期忽略。

　　当我们有负面情绪时，不要逃避而应积极面对。我们也无须让孩子避免任何负面情绪，因为这些经历可以成为孩子成长的养分。

一、父母先安顿好自己，才能接住孩子的情绪

　　"你这是什么态度？给我回房里冷静一下！"

　　我们正与孩子为某事争论不休，见孩子越讲越激动，还对我们叫嚣。我们心想："这孩子脾气真差，没讲两句就发怒，怎么讲下去？"于是，我们一声令下，要孩子别说了，先回自己房间好好冷静。

　　"砰"的一声，孩子走进房，顺便用力甩上门。这个时候我们眉

头一皱："这孩子到底怎么了，吃了火药了吗？"

这样的场景想必我们并不陌生。很多家长都知道，当孩子的情绪不佳时，最好先别与孩子讨论重要的事，等孩子平静下来后，再进行对话。于是，当我们看到孩子怒火喷发时，便要孩子"回房间先冷静一下"。问题是，当我们说出这句话时，我们是冷静的吗？

或许，在孩子的眼中，真正没办法冷静的，可能是做父母的我们吧！

事实上，身为大人，我们常无法招架自己的负面情绪，却要求孩子"态度好一点"，以此让自己感到心情舒缓一些。

然而想一想，当我们在理智近乎崩溃时，大声呵斥要求孩子别发脾气，孩子就会因此变得心平气和了吗？当然不可能！我们这是在示范如何用更强烈的怒气去压制别人。

如果我们希望孩子拥有情绪调节的能力，我们首先得对情绪调节有一个正确的观念，同时，我们从自身做起，先安顿好自己的情绪，这样才有能力去协助孩子安顿情绪，进而和孩子回到平和、理性且能沟通对话的状态。

二、正确表达情绪，拒绝情绪化

在孩子成长的过程中，传统中国式的父母大都不太关心孩子的感受，比如孩子受伤了，我们会和他说"不要哭"。即使孩子做了很棒的事，但还会有人告诫我们说不要称赞孩子，免得他得意忘形。结果就是孩子高兴时不敢高兴、生气时也不敢生气。

很多父母连自己的情绪也搞不清楚，比如说，常常有父母看到小孩跌倒了，心里明明很担心，表现出来的却是生气，责骂孩子为什么不好好走路，甚至还会揍孩子。

这种状况很明显就是父母的情感表达不当。正确的做法是，我们应该先表达对孩子的担心，"宝贝，你有没有受伤啊？"然后对孩子说"走路要好好走，你要是受伤了，妈妈会担心的"。

从孩子一岁左右的前语言期开始，父母就应该教孩子正确表达情绪了。比如当孩子哭时，他没有办法清晰表达自己的感受，我们就要一句一句地教给孩子说：

"宝贝，我看到你哭了，你是难过吗？"

"你可以告诉妈妈，'妈妈，我有点难过，妈妈不要拿走我的这个东西'。"

我们要教孩子如何去表达一句完整的话，这点很重要。我表妹的儿子一岁多时，可以讲话了，但是没有逻辑。他外婆天天追着他喂饭时，他会生气地叫"啊啊啊"。我就跟他讲："你告诉奶奶，'奶奶不要喂我，我要自己吃饭'。"我就这样一句一句地教他。每次他"啊啊啊"的时候，我就说"奶奶，我要自己吃"，慢慢地孩子就学会自己说了。

这个阶段，我们要教孩子学会表达情绪。前语言期的孩子闹脾气往往是因为没办法把自己心中的话说清楚，只能用跺脚、打人、推人或者发出哼哼哼的声音来表达。但这些行为很容易激怒大人。所以我们应该教孩子用语言代替肢体来表达。我们不要批评孩子发脾气，而应告诉他："你哭是可以的，哭完以后要跟妈妈说'妈妈我想吃这个'，把你想要的说出来。"只要我们不断地教孩子，他就会逐渐建立起一个沟通的意识。

在前语言期时，孩子需要我们来代替他说，然后让他先一字一字地跟着我们学，待孩子语言功能建立齐全之后，就要鼓励孩子自己去表达。我们需要让孩子知道，情绪是自然而然产生的，他生气是被允许的。但要把自己的需要清楚地说出来。

"我看到你很暴躁，很生气，很烦躁。来妈妈陪陪你，暴躁过后跟妈妈说说，刚刚你想要什么？"

只要你不断地鼓励孩子表达他的需求，这样，每次有情绪时他都会思考"我要什么呢？我要怎么跟妈妈说呢？"一旦孩子开始思考，他就不会情绪化了。

三、理解并接纳孩子的情绪

如果孩子出现情绪化反应，我们要先试着理解并接纳孩子的情绪。当孩子知道我们愿意理解他的感受时，就会慢慢平静下来。

"你的表情告诉我，这件事对你的打击很大，告诉我你的感受，好吗？"

对孩子的情绪我们要做到不忽视、不否定、不批判，有两种错误一定要避免。
1. 对孩子的情绪视而不见。

"你怎么回事？这么垂头丧气的干什么，振作一点！"

对孩子的情绪置之不理或轻描淡写，不但会阻断亲子间的交流，也会让孩子认为有负面情绪是不对的，进而筑起一道心墙，变成一个对自己和他人感受都麻木的人。
2. 给出现情绪的孩子"贴标签"。

"真是个爱哭鬼！太让人讨厌了！"
"你这个坏孩子，为什么这么粗暴？"

情绪是一个人对周遭事物的主观感受，是一种自然产生的感觉，因此没有好坏对错之分。它是一种能量，一旦出现就不会凭空消失，需要得到有效疏解。但在孩子出现负面情绪时，家长往往回以"不可以这样"，或是忽视压抑，这样就不能为孩子提供练习积极面对和正确处理负面情绪的机会。

如果孩子的情绪未能得到及时疏解，那么孩子表面上可能没事，但心中那股"气"依然存在，"情绪垃圾"就会越积越多，最后弄得一发不可收拾。

我们接纳孩子的情绪，并不代表同意孩子的所有行为。我们要让孩子知道，情绪不等于行为，不当的行为必须被规范。

为什么我们要去接纳令我们感到痛苦的感受，而不是去摆脱它们、赶走它们呢？因为负面情绪的特性就是"越想赶走越赶不走"，与其对抗，不如"允许存在"。所以，这里的接纳情绪，指的就是允许负面情绪存在，不批评、不指责、不排斥，就只是去看见它、接近它、感受它、体验它，如此而已。

光是做到这些，我们已经有能力让自己平静下来了。同时，我们也正为自己的情绪反应负起完全的责任。

四、看到负面情绪的正面意义

很多人都不喜欢负面情绪带来的感觉，经常有学员跟我说：

"我好焦虑啊！"
"为什么我有那么多的情绪呢？"
"我不要这些负面情绪，我要干掉它们。"

事实上，不管是正向或负向情绪，都是正常且健康的情绪。负面情绪背后都有正面意义。为什么只有人类会有这些情绪而动物没有？因为情绪是进化的产物，是用来保护我们的。

当我们感到愤怒时，可能是我们的权益被剥夺，或是心有不甘，愤怒让人知道我们的界限。

当我们感到愧疚时，可能是因为做错了某件事而对他人感到抱歉，会推动我们想办法弥补并杜绝类似情况再次出现。

当我们感到嫉妒时，可能是因为太想得到他人拥有的一切，也有可能是觉得自己不够好，感到自卑，因而会促使我们变得更好。

这些负面情绪背后都有正面的动因，所以要先感谢这些负面情绪的存在，它们让我们成长，让我们对人生多了很多的思考。

教会孩子调节情绪，做到既通情又达理

在从事家庭教育这十多年里，我接触了很多有情绪障碍的孩子。他们会为了一点小事就一蹶不振，让自己和家人都备受困扰，甚至有些孩子都上大学了，还会因为考试考不好，或是听到别人的负面评价，而想不开、走极端。这些孩子不会调节自己的情绪，而这正是我们要尽早教给孩子的重要内容。那我们该如何入手呢？

一、暂停一下，协助孩子觉察情绪

当我们与孩子处在紧张对立的局面时，请有意识地给自己喊个暂停。我们可以这样告诉孩子：

> "我发现咱们现在的情绪状态都不太好，暂时没办法好好讨论。要不我们先停下来，都安顿一下自己，等我们都平静了再来讨论，如何？"

尤其当我们意识到自己的理智下线时，如果可能，请先离开现场，进入积极暂停区（让人感觉安全、有利于情绪好转的地方，可以是带锁的卫生间，可以是放着玩偶、书籍的房间，也可以是任何不被打扰的角落）消化情绪，或者尝试抽离，让自己健康地生气。

当孩子产生负面情绪时，我们可以跟孩子说：

"你先暂停并且感受一下，此情此景，你的心情如何，愤怒、沮丧、挫折、错愕、无力、失望、还是烦躁？哪一个词比较贴近你的内在？"

有时孩子都不知道为何莫名其妙产生了负面情绪，这时就需要我们帮助孩子识别情绪，以此提醒孩子觉察自己的状态。

如，当孩子早上因为要穿哪双袜子而花费大半天时间时，我们可以试着说出他可能的情绪。

"你是不是觉得很不舍，想再跟妈妈多待一会儿？"

我们需要帮助孩子看见自己的情绪，所以说出我们对他的观察，内容尽可能客观、中立且贴近事实，减少评判与诠释，更不需要借机讲道理，只要适当表达关心即可。例如："我发现当我提到这件事时，你的脸色不是很好，说话渐渐大声起来，怎么了呢？"接着，就认真倾听孩子说出他的想法与心情，此时孩子就会觉察到自己现在是在"生气"。

二、教孩子表达情绪，并厘清原因

从孩子的诉说中，我们要试着与孩子的情绪同理，并用好奇探问的语句，与孩子探讨他的情绪："你很生气，是吗？""你觉得很无助吗？""这让你感到很委屈，对吗？""是什么让你如此愤怒呢？"

从我们所得到的信息中，试着理解与探寻孩子内心的期待（他希望有什么不同？）。我们可以说：

"所以，你很用力地表达自己，是希望我们可以理解你吗？"

"你其实是很想表现得更好一点的，是吗？"

接下来，我们可以运用言语描述孩子的真实感受，协助孩子觉察、认清自己的情绪，例如："看你哭得这么伤心，一定很难过，对不对？"

先分享感受，再探寻原因。在帮助孩子认清自己的情绪之后，继续用开放性的提问方式，如"今天是不是发生了什么特别的事？"协助孩子厘清情绪背后的原因。只有找到情绪反应的真正原因，掌握孩子的心理需求，才能对症下药。

三、引导孩子调整认知，思考解决方案

邀请孩子一起讨论怎么做才能改变现状，以更符合他的期待，甚至解决问题。

"我们一起想想看，可以怎么办，好吗？"
"我们一起讨论看看，还可以怎么做？"

既然是"邀请"，就该允许孩子拒绝。孩子正在气头上，可能什么都不想说，这时我们只要在一旁陪伴即可，或是与孩子保持一定距离，给孩子冷静的空间。

等孩子情绪缓和下来，再引导他调整认知，换个角度思考让他困扰的事情，例如："玩具被同学不小心弄坏了，你觉得很生气，但是你打人也无法让玩具恢复原状。我们一起想想看有没有更好的方法，好不好？""如果重新来过，你能想到其他的处理方法吗？"以此引导孩子自己思考并说出办法。

下面以孩子跟人发生冲突并打人为例，让孩子体验最自然的结果，可能是自己或对方受伤，可能被误会是暴力的孩子而导致其他朋友远离自己等。我们可以通过问话来让孩子体验"行为"和"结果"的关系。

1. 关心孩子的心情或身体。

"受伤的地方痛不痛？"
"看起来你有很多情绪。"（可能是生气、委屈、伤心、不满等）

2. 了解发生了什么事情。

"说说看，你们打起来的原因是什么？"
"发生了什么事，让你们最后打起来了？"

3. 让孩子意识到结果不是自己希望的。

"所以你打他是要让他知道，你不喜欢他随便动你的东西，那他现在知道你的意思了吗？"
"你打他是希望他尊重你，现在却被误会你喜欢动手打人，这是你的本意吗？"

4. 引导孩子思考怎么做才会有自己想要的结果。

"下次该如何让他知道你的意思而不用打人？"
"下次该怎么做，才能不再让自己倒霉？"

也许孩子自己就能意识到"我下次应该心平气和地跟他讲，我应该先问他的意见""嗯，我们都从这次经历中学到，拿别人东西前要先问别人，以及用说的方式让对方知道自己不开心，并请对方尊重自己"。

5. 用自然结果教孩子学会负责。

"现在他受伤了，可能需要看医生，你该做点什么呢？"

提醒孩子关心对方的伤势，如果需要付医药费并且金额不是很大，让孩子用自己的零花钱来支付，如果金额太大，让孩子负担部分金额。如果孩子没有零用钱，可以要求孩子帮忙做事来换取医药费，例如倒垃圾、洗碗等。善用自然和逻辑结果，可以让孩子养成好的行为习惯，并且成为勇于负责的人。

孩子争吵时，
父母要学会先袖手旁观

毛毛：妈妈，弟弟把阿姨送我的音乐盒摔坏了……

毛毛泪眼汪汪地跑去跟妈妈告状。

豆豆：哥哥打我！

毛毛：是他先踩我的！

豆豆：我哪有，你乱讲！

妈妈：闭嘴！你们两个为什么不能好好一起玩呢？这个礼拜都不准看电视了！

家中战火不断，很多父母经常为此崩溃。其实孩子之间发生争吵，刚好是练习人际互动的机会，如果我们能适当引导，他们会在这个过程中学会平衡、妥协，以及在必要时要坚持己见，长大后也能更好地应对更为复杂的人际关系。

一、日常减少"比较"的语言

我们经常不经意地拿不同的孩子做比较，就算是善意的，也会强化孩子之间的对立与竞争。所以我们要减少比较的语言。

1. 用具体的语言描述孩子做得很好或不足的地方。

例如：

比较	具体描述
"你为什么不能像哥哥一样挂好衣服？"	"弟弟，你的外套掉下去了，请把它拿到衣柜挂好。"
"你比哥哥爱干净多了。"	"真高兴你把外套挂好了，我们的走廊看起来好干净！"

除了不进行比较之外，我们还应积极地为孩子搭起善意的桥梁。

我的一个朋友自从怀了老二之后，就开始念一些迎接小婴儿的绘本给老大听。把老二从医院抱回来的那天，当全家人都开心地迎接新生命时，她偷偷把老大叫到一旁，拿出老大喜欢的小礼物说："这是小弟弟送给姐姐的礼物哟！"当老二还是个躺在床上咿咿呀呀的小婴儿时，每次老大从幼儿园回来，她都会说："弟弟在家好想你呢。""弟弟说要买薯条给姐姐吃。"

以温柔而坚定的态度，向每个孩子保证我们的爱。如果弟弟或妹妹觉得我们偏心，可以对他说："哥哥是妈妈的孩子，你也是妈妈的孩子。哥哥先来，你后到。妈妈爱哥哥，也爱你。妈妈照顾哥哥，也会照顾你。"

2. 不要依孩子的年龄排序来处理纷争。

"你是哥哥，为什么不让着弟弟呢？"

说这种话，会让家里的老大很无奈，因为他会觉得身为老大没什么好处，并且还无法改变。另外，不是哭得比较大声的孩子，就比较值得同情，我们要公平审慎地去处理孩子间的纷争。

有些父母甚至还会将"赞美"当作操纵孩子的工具。

"你是一个很棒的哥哥，所以就让一下妹妹吧！"
"你是最懂得分享的孩子了，这个玩具就送给隔壁弟弟玩嘛！"

如果我们总是这样说，孩子心里会感到不平衡。不如事前多加沟通，多解释给孩子听，别让"赞美"沦为操纵孩子的手段。

3. 教孩子表达自己的需求。

当家中有不止一个孩子时，公平这件事总是会引起手足纷争。当孩子质疑我们对待他的公平性时，我们到底要怎么说才能让孩子感受到我们对他的重视呢？

毛毛：弟弟为什么可以一直玩，我就只能玩一下下？
妈妈：你要上学、写作业，他还不用啊！你小时候还不是一直玩！

有时，大人觉得完全合乎逻辑的事，孩子心中可不这样认为，因此这样的吵闹每隔几天就会发生一次！我们应该这样说：

"看到弟弟可以一直玩，不必写作业，让你感觉很不公平呀！即使你知道功课必须写完，但有时候还是很难接受！"

说出他心里真正的感受，他才会觉得我们真的懂他，这才是他想要的"公平"。

毛毛：你都比较疼弟弟！
妈妈：我都一样爱啊！

在孩子的逻辑里，"一样"就是"比较少"！我们应该这样说：

"你是唯一的，弟弟也是唯一的。在妈妈心中你们都很重要！"

二、不要做孩子争执的"仲裁者"

我们常常只能看到事情的一面，即使亲身经历，也很容易得出错误的结论。所以，当我们在仲裁争吵时，很容易被认为"偏袒对方"。另外，过多的仲裁会导致孩子产生依赖心理，不愿花精力主动与对方沟通协调，因为孩子认为大人能为他们解决问题，有时甚至为了获得仲裁者的支持，而不自觉地"演"给大人看。

所以，不要做仲裁者，不要草率地断定对错，同时在处理问题时要保持冷静理智，不要被情绪左右。当然，不仲裁不代表坐视不管。当孩子们要爆发肢体冲突，或者争吵中出现谩骂、揭疮疤、泄露隐私等行为时，我们还是需要介入的。

当孩子的争吵真的需要介入时，我们的角色应该是沟通者而非仲裁者。那面对孩子的投诉，我们到底该如何做呢？

1. 定义问题。

"好，你们都想要草莓口味的棒棒糖，但是我们只有一根。"

问题被定义之后，孩子们就比较容易找到解决方法。

2. 描述情绪。

给每个孩子相同的机会陈述想法与感受。

"我的玩具被弄坏了，我很难过。"
"我被他推了一下，我很生气。"

即使能够清楚地看出谁是受害者，也不要做任何判断。让孩子感觉自己被倾听和认可，这样他们就比较容易控制自己的脾气与行为。

3. 寻求解决之道。

父母介入是为了帮孩子打通沟通的渠道而非替孩子解决问题。因此，这时我们应该表现出对孩子自己解决纷争的信心。

"这个问题很难，不过妈妈相信你们可以找出彼此都满意的解决方案。"

解决纷争的过程中，要让孩子明白，重要的是要倾听他人的想法和表达自己的情绪，这样纷争的解决过程才不会沦为无意义的攻防战。每个人的意见、个性不同，"谁也不用让着谁"，既要大胆表达，也要仔细倾听，吵架的最终目的是找出解决问题的方法，让双方都满意。

三、正确看待人际交往中的争吵

在有一个以上孩子的家庭中，这样的对话很常见。

弟弟：妈妈，哥哥拿我的奥特曼了！
哥哥：妈妈，我没有！弟弟冤枉我！
妈妈：你们俩别吵了，再吵以后就都没有玩具玩了！
妹妹：爸爸，姐姐不让我用她的水彩笔，但是上次我都有借给她用！
爸爸：姐姐，你为什么不借给妹妹用啊？一起用啊。

我们不要一看到孩子争吵就去拉架，甚至批评孩子们：

"别吵了，你们是兄妹啊，要好好相处！"

孩子们吵架吵到一半就被我们制止了，他们的情绪并没有得到充分释放，怨气会一直都积压在心里。我们不如先"袖手旁观"，让孩子们痛痛快快地吵一架，哪怕受点伤都没关系。大多数时候，争吵并不是一件坏事，相反孩子们能在争吵中学会如何与人相处。如果我们制止了孩子间的冲突和争吵，虽然可以得到片刻安宁，但引发争吵的问题依然存在，孩子也未从中学到任何东西，下次遇到同样的问题依然不会处理。

争吵是促使孩子社会性发展的重要途径，通过争吵，孩子能明白很多道理。比如，当自己的利益和别人有冲突时，自己不能随心所欲，有时需要妥协。如此一来，孩子的社交能力就会逐渐提升。

父母不要害怕孩子吵架，而要教孩子如何有效沟通。

我们可以把孩子们叫来，对他们说：

"你们听好了，以后你们吵架，妈妈是不会管的。你们要是有不同意见，请进房间，把门关上，吵完再出来。我还要教你们如何吵架。第一，每个人轮流讲出自己的看法，讲话的那个人发表自己的看法时，其他人需要闭上嘴巴认真听，只能听。第二，自己讲话时，要说出自己的感觉，比如'你刚才推了我，我很生气……'。第三，所有人都讲完后，大家开始协商解决争执，比如说'我们可不可以轮流玩这个玩具？'第四，协商不只要解决当天的争执，还要商量出以后类似情况的处理办法，可以说'以后遇到这样的情况，我们就……'第五，达成共识才算结束。吵架时要用嘴巴不用手，可以不分长幼，不用让着谁。只要没有达成共识，就可以继续吵。最后，结束时一起来跟我汇报结果。"

教完之后，还可以跟孩子一起练习。这个方法我教给了上千个多子女家庭的父母，非常有效，屡试不爽。

四、引导孩子自行解决问题

孩子之间发生了冲突，为避免总是重蹈覆辙，我们不要过多地介入和干预，而应引导他们自行解决问题，这样才能训练他们主动社交的技能。如果孩子能在家中处理好手足冲突，那么他们在跟其他小伙伴发生冲突时，即使我们不在身边，他们也能自己解决。当然，这有赖于父母平日里的示范与引导。

毛毛：妈妈，弟弟把阿姨送我的音乐盒摔坏了……

面对孩子的"投诉"，我们可以先搂搂孩子，同理她的心情，然后示弱："妈妈真的想帮你，可是我也不知道该怎么办才好。"

接着跟孩子说："你试着处理过了吗？你有没有告诉妹妹你的感受、想法和需要啊？"

最后，在离开现场之前，跟孩子说："我相信你们可以自己解决，我半小时后回来。"

妈妈说完，转身离开。孩子们开始用他们的方式解决问题。

毛毛：你把我的音乐盒摔坏了，这是赵阿姨送给我的生日礼物。

豆豆：我喜欢你的音乐盒。

毛毛：我的音乐盒坏了，我很难过……

豆豆：你的音乐盒很漂亮，我们两个都很喜欢。我只是想看看而已……

毛毛：我们两个人都认为我的音乐盒很漂亮。如果你想看，请跟我说，不要用抢的。现在音乐盒摔坏了，我很伤心……

豆豆：姐姐，对不起……

毛毛：好吧。这次没关系了，下次请跟我说。

豆豆：嗯。我们来看看能不能把它修好吧，爸爸很厉害，我们请爸爸帮忙，好不好？

毛毛：好。

其实孩子之间出现争吵是再正常不过的事，这也是他们学习解决纷争、与人沟通协调的最佳时机。如果我们介入，实际是剥夺了孩子的学习机会。孩子有自己解决问题的方式，大人介入反而会越弄越糟。

二 孩子不善交际，
父母要教他具体方法

孩子进入幼儿园后，慢慢地有了更多社交需求，也更容易遇到交友挫折。每个孩子都希望被人喜欢、拥有好人缘。那么，作为父母，我们该如何帮助孩子变得更受欢迎呢？

一、鼓励孩子社交，但不帮孩子交朋友

有的父母希望可以帮孩子交朋友，但实际上这并不可行。孩子进入幼儿园之后，我们可以安排聚会等活动为孩子创造社交机会，但对孩子交朋友这件事，我们是完全插不上手的。

孩子开始上学，就要脱离父母，依靠自己的力量面对这个世界。我们能做的就是陪伴，就像陪孩子吃饭，偶尔遇到新口味，鼓励孩子"吃一口就好，如果不喜欢，可以不再吃，妈妈不会勉强你"。交朋友这件事也是一样，我们要鼓励孩子去尝试但不能勉强，偶尔孩子不想交朋友，想自己一个人，不妨顺从他的心。

交朋友需要多方尝试，因为人际关系是最复杂的。我们不要天真地以为孩子间的关系就好处理，因为有时听孩子说起他们的各种关系，我们也会一头雾水搞不清楚。不过，相对于大人的世界，孩子的世界"比较单纯"，但也不见得更好处理和应对。我们觉得简单，那是因为我

们是在用大人的思维去判断孩子的世界。

多一分理解和包容，我们才有机会听懂孩子的话，才能感受到孩子眼中的世界和我们看到的有多么不一样。

"妈妈，我没有朋友。"
"妈妈，小明说他不跟我玩。"

当我们听到孩子这样说，一定会有些担心，此时，去跟那个小朋友说"你们能一起玩吗？"完全是徒劳的，对孩子没有任何好处。我们应该做的是引导孩子练习与人互动，而非刻意帮他和其他孩子一起玩。孩子的社交能力只能通过练习来进步。

所以，我通常会这样回应孩子：

我说："宝贝，今天小明不跟你玩，你很难过是吗？让妈妈抱抱你好吗？"（说完，女儿会马上投入我的怀抱。）

女儿问："妈妈，为什么小明不跟我玩呢？为什么他跟小强玩了？"

我说："妈妈不知道为什么，但是你可以明天再邀请小明跟你玩。小明有时候想跟你玩，有时不想，这都是很正常的。就像你有时候想吃苹果，有时候不想吃苹果一样。你一样也可以选择跟谁玩，或者不跟谁玩，是不是这样呢？"

女儿说："哦，好像是这样啊！"

二、与孩子一起寻找被拒绝的原因

在陪伴孩子练习交友的过程中，我们需要多花时间训练和引导孩子与他人互动。当女儿遇到交友挫折后，我会在与她的日常互动中，寻找她不利于社交的行为或举动，然后做适当的引导。比如，我发现她跟我一起玩的时候，表现出很强的主导意识，总是要求我按照她的意思做。我这样引导她：

"我知道你很想这么玩，但是玩游戏的时候，也要听听别人的意见，不能总是按照你的方法来玩，当每个人都有机会决定怎么玩的时候，大家才会玩得舒服又开心。"

我们要做的是先接住孩子的情绪，等孩子心情平静时，再跟他一起寻找被拒绝的原因。千万不要在孩子感到挫折沮丧时，质问他："你是不是做了什么错事，所以他才拒绝你啊？别人肯定不会无缘无故这么做的。"

我们要在平日的互动中找出孩子需要改善的地方，并引导他努力进步，这将成为他学习社交的养分。"也许你可以多听听别人的想法，这样可能会避免很多冲突。"当孩子跟我们分享他跟小伙伴们和谐玩耍或是一起合作完成什么事时，我们一定要牢牢抓住这样的机会，给孩子肯定与鼓励，这会成为推动孩子继续进步的力量。

此外，我们还要帮助孩子建立承受被拒绝的勇气和拒绝别人的勇气。接受与拒绝是人际互动中正常的存在，我们不要把被拒绝的孩子塑造成受害者的角色，也不要把拒绝别人的孩子塑造成加害者的形象，他们之间是平等的。因为人的一生当中都会做出无数次拒绝与无数次接受的选择，不论他的决定是哪一种，都应当被尊重与被接纳。

三、教孩子健康的互动方式

"妈妈，小明买了跟我一样的白色 T 恤，我们今天一起玩了，因为我们都穿白色 T 恤，小强穿的却是粉色 T 恤，所以我们都没有跟他玩。"

虽然表面上看起来女儿与她喜欢的小伙伴互动变好了，但孩子因为衣服的颜色而去排挤别的小伙伴，这显然不是健康的互动关系。于是我这样引导：

我说："就算小强的 T 恤是粉色的，也不影响你们一起玩啊。T 恤的颜色并不能决定你们可不可以一起玩，这不是理由啊。如果你心里想跟他一起玩，那么你就可以跟他一起玩。被人拒绝的感觉一定很不好。你愿意明天邀请小强加入你们一起玩吗？"

女儿说："好，那我明天邀请他！"

隔天女儿放学回家，跟我说："妈妈，我告诉你，我今天邀请小强一起玩，他很开心。我、小明还有小强，我们三个在一起玩得特别开心！"

我马上肯定她："哇，你今天邀请小强跟你们一起玩了，小强一定觉得被邀请的感觉很棒！"

交朋友是孩子的事，不是父母的事。我们可以当他们的教练，但不能代替他们交朋友。如果我们因为害怕孩子没朋友而一直帮孩子交朋友，他们将错失很多锻炼社交能力的机会。

正因为孩子的社交能力还不成熟，所以他和同龄人之间才会经常发生冲突，这种冲突是正常的。我们要允许孩子们发生冲突，只需从中做适当的引导，就能让他们在经验中学习，在每一次冲突中得到养分，进而慢慢完善自己的社交能力。

四、教孩子如何"好好交朋友"

孩子：小明很过分，玩排球的时候，他总是抓着我，不让我跑，还害我被球打到。我跟他抗议过很多次都没有用。今天又发生了同样的事情，我很生气地甩开他还打了他，结果他愤怒地说要去找老师。虽然他最后并没有去找老师，可我还是觉得很困扰。我决定，以后只要他参加的游戏我都不参加。可我还是越想越生气，我到底该怎么办啊？

妈妈：听起来真是件令人讨厌的事！你想好好地玩，偏偏小明老影响到你，还害你被球打到。你跟他抗议也没有用。如果用生气对付他，又会让自己倒霉。好像做什么都不对，难怪你会想跟小明保持距离。目前看来，这似乎是个不错的方法。不过，如果说明明你很喜欢某个游戏，却因为小明你就选择退出，那多遗憾哟！这样一直被小明影响，你也不舒服吧。

孩子：是啊。

妈妈：那你愿不愿意尝试一个新方法，看看能不能行得通？

孩子：什么啊？

妈妈：很多人认为只要跟对方说出自己的想法"你好烦，你不要抓我啦"，对方就会有所调整。但实际上有些人可能体会不到别人的困扰，甚至"你好烦""你好讨厌"这样的话还会让他感到被批评和指责，反而更想跟你过不去，你体会下是不是这样？

孩子：好像是这样。

妈妈：所以，**第一步，你可以说出你的想法或感觉。**

你可以说："小明，我这样一直被抓着很不舒服。"或是"小明，我被抓住的话，会很容易被球打到。"说话时要盯着小明的眼睛、语气坚定，以表明你很重视这件事，希望他有所回应。

用"我"打头来说话，以表达你的想法和感受，也许对方比较容易给出善意的回应。

第二步，提供你的建议。

有些小朋友不大会表达情感，会用一些奇怪的方式来表示自己的需求。就像有些小朋友想跟身边的小伙伴玩，就会用给对方起外号的方式接近小伙伴，对方却因此生气不理他。有没有这样的？

你想想，小明他为什么抓着你？是害怕被球打到还是怎样？如果他害怕，那就教他怎么克服这种恐惧。

或许你可以把你的建议告诉他："你站在我后面就好，不要抓我。"

第三步，一起讨论，大家达成共识。

如果小明抓着你，影响到你玩游戏，你可以跟他一起讨论更好的游戏方式。"我们可以讨论下，怎样做才能既不影响我们玩游戏又不破坏规则吗？"你想跟同伴保持多远距离，想有什么样的关系，完全取决于你，都是你自己就能决定的。

父母偶尔也可以大发雷霆

"我怎么又骂人了？"

"我为什么又生气了？"

"我的脾气是不是这辈子都没救了？"

有时，我们控制不住自己的脾气，却又在吼完孩子后后悔和自责。我们真的不能在孩子面前展现自己的负面情绪吗？带孩子做不到总是保持平静这件事，到底有没有问题？我们忍不住对孩子发脾气，到底行不行？

一、有时候发脾气比讲道理更有效

孩子犯错时，有些父母无法控制自己的脾气，会通过打、骂、吼的方式教育孩子，希望孩子长点记性。我们批评孩子，是要让孩子明白什么是对什么是错，但跟孩子讲一堆道理，很多时候孩子反而无法明白我们的本意。相反，正如我们曾经体验过的那样，有时劈头盖脸的一顿骂更能让孩子惶恐，也会让孩子认真反思自己的问题。

很多人说现在的孩子挨几句骂就蔫了，抗挫能力差。所以，为了增强孩子的忍耐力，必要时我们可以发脾气，但前提是不能经常这样，只有偶尔几次才能让孩子印象深刻。

有专家说，在育儿过程中，父母可以批评孩子，但不能发怒，需要保持情绪稳定。能做到这样固然很好，可这太理想化了。父母也是人，很难做到每次都不发火，谁带娃谁知道，批评孩子时发怒实属正常。

在面对孩子的问题和错误时，父母如果控制自己情绪不外露，不让孩子看出自己的愤怒情绪，那么孩子很可能无法深刻认识自己的错误，育儿过程也会变得非常无力，父母则会变得疲惫。

当人愤怒的情绪得不到释放时，内心就会不断地积压怒火，这种怨恨情绪无法消散，也不会自己消失，因而情绪不处理的话，只会埋下祸根。

每个人都有愤怒的情绪，我们在养育孩子的过程中产生愤怒情绪是一件很正常的事，没有必要一定要压抑自己的情绪。克制住发怒的冲动，但内心却一直无法释怀，这未必是好的沟通方式。

二、父母"好好生气"也是一种示范

父母情绪失控是正常的事情，但重要的是即使发火也不能用言语侮辱孩子。事后也要让孩子明白我们是爱他的，当时只是情绪爆发了。

"我脾气不好。"
"我一直就这脾气。"

我们不要以此作为自己发脾气的理由，这似乎是在说"不是我的错""你要迁就我"。要知道任何时候孩子都在默默向我们学习，我们自己就是孩子的教科书。

1. 示范"狠狠地生气"。

如果父母在生气后能够瞬间冷静，并继续与孩子讨论问题，孩子会发现原来"狠狠地生气"是能够收放自如的。该生气时生气，该冷静时冷静，正如古希腊哲学家亚里士多德所说："适时、适地、适人、恰如其分地生气，才是情绪管理的最高表现。"

孩子生气时大声说话或发脾气，大人总说："生气时不可以这样！"但我们生气时也难免如此，导致孩子说："你生气时可以大声，为什么我不能？"遇到这种情形时，该怎么办？

"生气时不可以……"中的这个"不可以"，并不是不能表达自己的想法与感受，而是要避免不当的生气方式。我们要鼓励孩子以合适的方法表达及管理情绪，用更适宜的方式说出自己的想法。

2. 向孩子坦承自己的情绪。

如果我们在对孩子大发脾气后，就以为孩子懂了；或是马上后悔，假装没事，没有下文了，那么，这样的"骂"就没有一点意义。世上没有完美的父母，我们也是人，也会有情绪，所以不用因为对孩子发火而有罪恶感，你可以跟孩子说："妈妈刚才真的很生气。"要向孩子坦承自己的情绪，并一起学习如何面对。

不妨等自己冷静下来后，找孩子一起讨论："你觉得妈妈为什么生气？""妈妈也觉得自己生气太多了，我们一起练习生气的时候不要发火、暴走好不好？"

3. 将孩子的反应视为教育的机会。

情绪管理能力与年纪不是成正比，所以并不是越年长的人越会管理自身情绪。对于被孩子抓住小辫子，我们心里可能会五味杂陈，但值得庆幸的是，我们可以将此作为和孩子一起学习的机会。

面对孩子的疑惑和畏惧，我们可以试着让自己先冷静下来，接着与孩子讨论："你喜欢爸妈生气时大声说话吗？爸妈也不喜欢自己生气时好大声……"然后和孩子一起讨论更恰当的情绪表达方法。

三、发火本身不可怕，可怕的是……

带孩子时发火本身不可怕，可怕的是发完火，只顾着沉浸在纠结、后悔、自责等负面情绪里，而不去修复跟孩子的关系。这可能会引发更严重的问题。

孩子真正害怕的也不是大人发火这件事。比起发火，孩子更在乎的是，"妈妈会不会不再爱我了？"

很多时候我们生气了，孩子却不知道"我到底做错了什么？爸妈为什么生气？"此时就需要我们去厘清头绪：我们生气是我们自己的问题，还是因为孩子做了什么？

1. 如果因为孩子调皮捣蛋而生气，注意"对事不对人"。

当孩子做错事时，我们表达愤怒是有理由的，但要注意说话的语气和内容，避免过度批评、嘲笑、恐吓孩子。比如，我们因为孩子摔坏了积木而发火，要将愤怒的焦点放到孩子的行为上，而不是性格。你可以这样告诉孩子：

"妈妈现在感到很生气，因为你摔坏了乐高，还乱扔零件。"

而不是说：

"你太烦人了！怎么那么爱给别人找麻烦，我以后再也不给你买乐高了。"

我们要理智地跟孩子交流，要观察孩子的行为，体会他在现在的感受，还可以帮助他把感受表达出来。

"我看到你嘴角朝下撇，还在流眼泪，你一定感到害怕和伤心了，是被妈妈吓到了吗？"

一定要跟孩子解释自己发火的原因，并指出孩子行为的后果。

"妈妈已经很累了，还要花时间收拾玩具，因此有点儿委屈。你还乱扔零件，这会让妈妈感到很生气。"

但是如果此刻我们感觉自己太生气，还不能冷静地思考，那么不妨停下来深呼吸，等恢复平静后再来跟孩子沟通。尤其是在感觉自己要攻击或侮辱孩子时，一定要停下来。

2. 如果是工作等非育儿原因导致的负面情绪，要在失控前向孩子做出预警。

在这种情况下，最好告诉孩子我们现在的感受以及此时惹到自己可能出现的后果，同时，给他两个积极的选项。举个例子，我们正忙于回复工作群里的消息，孩子却缠着我们陪他玩。此时，我们可以告诉孩子：

"爸爸/妈妈正在忙工作，如果你再继续缠着我，我很有可能会发火。你可以自己去玩会儿新玩具，或者吃点儿好吃的吗？"

即便孩子没有理会我们的预警，当我们真的发火的时候，孩子也会知道我们的怒火从何而来。这种处理方式向孩子传递了一个积极信息：即便在冲突中，他也有选择，可以让对抗关系转为合作关系。

3. 如果是夫妻关系导致的怒火，最好的做法是"抽离"。

孩子很容易成为父母吵架时的出气筒。此时，我们的怒气主要来自对另一半的不满，并产生"为什么孩子跟你一样讨人嫌？"的错误归因。此时我们要努力对孩子保持冷静，并告诉他："我现在很沮丧，我想要一个人待会儿。"你可以找个房间静静地待着，要么哭一会儿，或者搞点儿无伤大雅的小破坏，比如撕点儿卫生纸，在再次面对孩子前释放自己的攻击性。

另外，当夫妻之间的矛盾解决了，一定要及时告诉孩子"爸爸妈妈现在已经和好了"，让孩子停止担心。

生活中，我们发火的原因还有很多，但无论是哪种情况，都要告诉孩子你当前的真实情绪和感受。

第四章

有效鼓励，
帮孩子树立信心

不要横向比较，要纵向比较

有时，为了激励孩子进步，我们会拿孩子和其他孩子做比较，但这种教育方法并不明智，因为这样做非但不能激发孩子的潜能，反而可能对孩子造成很大伤害。孩子被别的孩子比下去了，就可能变得没自信。即使原本有进步的可能，也可能会被刺激得止步不前。

一、没有对比，就没有伤害

孩子一出生，我们就开始拿他与书上描述的各发展阶段指标做比较。幼儿时期，这种比较就会变成另外的话题，如谁家的孩子说话利索、认识的数字和英文字母比较多等。进入学龄阶段，我们又会比较谁家孩子学的才艺多、谁有好成绩。青少年时期，继续比较，考进哪所学校、谁的人缘好……类似的比较一直都未停止过。

可是，当我们不停比较的时候，是否想过这会对孩子产生什么影响呢？

1."被比较"的孩子不会被激励，只会被激怒。

某一次科学考试豆豆的分数不甚理想，爸爸不悦地问他："你看邻居小孩的科学多强，你怎么考这么烂？"

"可是我其他科的分数都比他高啊。"豆豆不甘心地反驳。

"我说的是科学，你在说什么？！"

又一次考试，豆豆每一科分数都比邻居小孩高，兴奋地跟爸爸炫耀，没想到爸爸说："虽然你分数比他高，但他比你认真。"

豆豆听了之后非常愤怒，却忍住没有发作，但从此之后便懒得跟爸爸分享任何事情了。

我们时常用比较的方式来刺激孩子。

"你看看人家才二年级，写得都比你好。"

"你再不加油，很快就会被新来的超越。"

我们这样说非但不能激励孩子，反而可能会激怒孩子。批评孩子的时候，拿自己的孩子和别的孩子比较，孩子会感到被否定和嫌弃。孩子不会因为被比较而表现得更好，反而会更糟糕。如果这种比较成为生活的常态，孩子甚至可能因此讨厌学习。

孩子遭遇挫折时，已经很气馁了，我们身为父母绝不能再落井下石，通过比较来刺激他、责备他，而应先试着去体会他的心情。我们可以这么对孩子说：

"这次科学没考好，你应该很懊恼吧？"

如果说中孩子的心声，他会意识到，"比起成绩，爸妈更关心我的心情"。等孩子心情处理好了以后，自然会愿意敞开心扉和我们沟通。接着，我们可以试探性地问：

"这次你数学考得很棒，是不是花太多时间做数学习题，疏忽了科学？"

一方面赞美孩子，另一方面开始帮孩子寻找没考好的原因。如果没有说中，孩子也会乐意说出自己的看法。和孩子一同找出问题出现的原因后，再想办法解决就大功告成了。

成绩是一时的，教养是一世的。多年后，孩子也许不会记得以前某次考试考了第几名，却会永远记得那次考试后，我们对他说了什么。

2.频繁比较会破坏亲子关系。

妈妈：你看看人家，英文讲得那么好，我都花钱帮你报班补习了，可你为什么连简单的英文单词都说不好啊？

爸爸：你这次写字比上次好一点，但还是不及格，姐姐在你这个年纪都已经会写很多字了！

父母或亲朋好友间对孩子的各式"比较"往往让孩子认为自己不够好，尤其是当自己已经很努力，还是得不到父母的认同时，孩子只会越来越没自信，于是到最后我们要处理的就会是孩子更多的情绪及行为问题，以及严重的亲子关系问题。

换位思考一下，如果孩子对我们说：

"你看隔壁李阿姨说话多温柔，你怎么跟个母老虎似的？"

"你看小明爸爸多厉害，是公司的大老板，你怎么连个总经理都不是？"

我们听后感受如何？如果我们不知道如何跟孩子交流，不妨多看看孩子的努力，并参考以下句式，多赞扬孩子的优点，这可以帮助孩子成为更受欢迎的人。

"你都会主动打招呼了（可替换成其他事情），好有礼貌！"

"你愿意分享玩具（可替换成其他事情），好棒啊！"

"你知道要先问大人可不可以（可替换成其他事情），很懂事哟！"

二、越被比较孩子越没有价值感

"你怎么都不好好吃饭，你看你长得都没有小明高！"

"你怎么那么内向，不像小明那么大方，会跟人打招呼！"

"你看小明成绩那么好，次次都考第一名！"

大部分的家长拿自己的孩子跟别人做比较，只是想告诉孩子："你看，别人都做得到，你也可以的。"

但是，通过"比较"真的可以让一个人充满行动的力量吗？答案是未必。

在家庭教育中，"比较"除了引起争吵，大多是有百害而无一利的。当我们拿孩子去跟别人做比较时，孩子接收到的信息是："我这个人本身是没有价值的，我只能通过跟别人做比较，才能得到相对的价值感。没有跟别人的比较，我根本什么都不是。"

1. 孩子误以为"要把别人比下去，我才有价值"。

"我的玩具比你的强！"

"我画的图比你的好看，你画的图好丑呀！"

"你跑那么慢，太逊了！"

我们是不是经常听到孩子这样说话？这些话听起来像是在贬低他人，但在某种程度上，表明孩子需要把别人比下去才能体现出自己的价值。他认为，自己比别人好才能得到父母的肯定，在父母的眼里才是有价值的。

如果你问孩子："如果不跟这些朋友比，那你觉得自己如何？"他很可能会哑口无言。

2. 告诉孩子人的价值无须比较来证明。

习惯从比较当中得到鼓励，并依此建立自信心的孩子，注定会很辛苦。因为要以他人的认同和鼓励来建立自己的价值感，就必须费尽心力地达到他人设下的标准，以符合他人的期待。

因为渴望得到别人的赞美，他们特别难以拒绝别人的要求，宁可压抑自己的想法与需求。他们认为只有让别人满意，才能证明自己是成功的、有能力的。至于自己到底想要什么，自己的需求是什么，自己想要过什么样的生活，这一切都不重要了，坚持自己的想法不但无法获得别人的赞美，还可能被责骂。

一旦孩子习惯了依赖他人的鼓励来灌溉自信，他们就不可能从自己的内在生出价值感。

一个人的价值，是不需要通过与外界比较才能拥有的。我们之所以有价值，是因为在这个世界上找不到与我们相同的第二个人，我们有属于自己的特征，如喜欢吃的食物、害怕的东西、擅长的事物、不喜欢的情境……而所有这一切复杂而独特的组合，都足以证明我们是独一无二的个体。

三、引导孩子与过去的自己比较

妈妈忧心地问老师："我那天看见一个同龄的孩子，他读起书来，又快又流畅。为什么我家豆豆还不能像他那样？豆豆是不是有问题，我需要给他请家教吗？"

实际上，豆豆在阅读上已经很努力了，只是阅读能力对豆豆来说，不是那么容易就能获得的。妈妈用"比较"来当作检查自己孩子成长的参照点，这种举动并不会让孩子更好地成长，反而会令自己深陷这样的困扰："我的孩子为什么不够好？"这样的比较让豆豆妈妈看不见自己孩子的努力，体会不到孩子珍贵的成长。她对孩子的爱，可能会成为孩子的负担，因为她永远觉得自己的孩子不够好！

那我们应该如何做才好呢？**不要和别人的孩子比较，而是和孩子的以前比较；不是挑剔缺点，而是发掘优点**。比较的对象不是他人，而是孩子以前的状况。而且，比较的不是表现差的地方，而是做得好的地方。从挑剔表现差，转换成赞美做得好的地方。或许只是这小小的转变，其结果将产生极大的差异。

"看见豆豆的进步妈妈真的很开心。豆豆从原来的坐不住，到现在可以坐在课桌前看15分钟的书，进步好大，妈妈为你骄傲。"

当我们看到孩子的进步，并用语言表达出来，以此带领孩子的成长时，孩子会认为自己的付出得到了认可，并从中获得巨大的力量，他会认为"我也做得到！或许我还能做得更好！"于是，在未来就可能出现更大的进步。

"你比昨天早五分钟起床了哟。"

"你已经敢吃一口胡萝卜了呢。"

当我们真正看到并赞赏孩子的努力、孩子的成长时，孩子就会感受到我们对他的爱，那么，我们的语言就不会成为孩子的负担。

给孩子不被比较的空间，是培养孩子自信的温床。

每个孩子都是完美的，因为他们都带着自己的特质来到这个世界。他们不但会以自己的特质来成为自己，也会以自己的特质加上自己的努力来改变世界。而身为成人的我们，是孩子的助力还是阻力呢？

我们不需要拿自己的孩子和别人家的孩子比较，也不需要拿自己和别人比较，因为我们每个人都是独一无二、无人可替的。

四、手足之间也不要比较

"你看哥哥……"

"你看妹妹……"

"比较"无所不在。亲戚第一眼看到，会说："哇！哥哥比较白，弟弟比较黑哦！"孩子越长越大，可以比的地方也越来越多，如谁讲的英文比较多、比较标准，谁跑得快，谁菜吃得多，谁饭吃得多，全部都可以比。

孩子爱问"你比较爱我还是爱哥哥？"这种问题，大多因为在家中父母也喜欢拿孩子进行比较。绝对不要说"你看哥哥那么懂事，你怎么总是不听话……"或是"你怎么不学学弟弟……"这样的话。孩子们更习惯"只管好自己"，在家里不跟手足竞争，到了外面也不用瞻前顾后。孩子不被比较，就会以自己舒服的状态存在着。

可是，如果孩子问"妈妈，你最爱谁"时，你应该怎么回答？我想起绘本《妈妈，你最爱谁？》，在这个绘本里，智慧妈妈的回复真的值得所有父母学习。

麦克斯：妈妈，我们俩谁抓的虫子最多？

妈妈：麦克斯，你捉的虫子最活泼。朱利安，你捉的虫子最肥。

朱利安：妈妈，我们俩谁划得最好？

妈妈：哦，朱利安，你划得最稳，而麦克斯，你划得最快。

朱利安：妈妈，你最爱谁？

妈妈：朱利安，我最爱你的沉静。我爱你，就像蜻蜓翅膀尖上那一抹蓝色，像灰熊和蝙蝠出没的山洞深处的颜色。我爱你，像山中的薄雾，像瀑布飞溅的水花，像说悄悄话时的那一份宁静。

麦克斯：妈妈，你最爱谁？

妈妈：麦克斯，我最爱你的热情。我爱你，像晚霞映照天空的那一片火红，像悄悄穿过丛林的猎豹眼睛的颜色，像夜晚燃烧篝火的颜色，我爱你，像一个大大的拥抱，像湍急的漩涡，像一声响亮的呼喊。

（以上对话内容来自绘本《妈妈，你最爱谁？》）

发掘孩子的闪光点

我在线下讲课的时候，经常会让家长找出自己孩子身上至少 10 个优点，最常见的情况就是，家长愣在那里，一个优点都讲不出来，然后沉默许久，以致家长都觉得自己不对了。当我们每天只盯着孩子的缺点看时，久而久之，我们就真的看不到他的优点了。

一、不会表扬不如不表扬

以下是我曾经听到的一对师生的对话。

老师：你要有信心一点。你看，你长得一表人才，心地也很善良，怎么会这么没自信呢？

孩子：可是，我长得不好看，也不受欢迎呀！

老师：那是因为他们没看见你的好。所以，你要大方一点，与他们多互动，他们就会发现你的优点了。

孩子：算了，我没有什么优点……

老师：怎么会没有呢？

孩子：老师，你不用安慰我了。我知道我很差……

老师用尽力气想肯定、激励孩子，孩子却回绝了老师的每一句赞美。为什么？因为这孩子的自我观感相当负面，认为自己一无是处。另外，老师肯定的话语没有基于事实，或者说过于空泛、不够具体，所以即使话说得再好听，孩子也不会接受。像"一表人才"就是个空泛的赞美，而"心地善良"这样的描述也不够具体。

"我注意到你总是愿意在下课后留下来帮老师收东西，可见你心地善良，也很热心，谢谢你！"

如果老师改成这么说，孩子就会觉得"嗯，我真的还不错！"从而产生被看到、被肯定的感觉。

所以，我们要学会表扬孩子，应该这样做：

1. 表扬要真诚而不是控制。

"你最乖了，去把桌子擦干净！"
"你是最懂事的哥哥了，赶快把玩具给弟弟玩吧。"

如果我们的表扬只是为了达到自己的目的，这种表扬实际上是一种操控和支配，孩子也会逐渐感受到赞美背后这股隐藏的压力。如果父母的表扬是为了控制，那么，孩子只有在做到父母心目中"优秀、成功、目的达成"的标准时，才会开心、放松。但这很难，孩子也会非常辛苦。

2. 表扬特质而不是做评价。

"你真是个数学天才！"
"拼图做得不错，你真棒！你真聪明！"

无论孩子有怎样的家庭背景，若经常被表扬"是个天才""真聪明"，那么之后若是遭遇挫折他就很容易放弃，因为他会把失败和挫折归因于自己不聪明了，不是天才了。

有些父母习惯于空泛地表扬孩子"你最棒""你好乖"，那么，在不满意孩子的表现时，他们很可能会对孩子说"你最讨厌""你很差劲""你真没用"。其实，这些话都是评价性语言，是针对孩子的正面的或负面的评价。

表扬孩子，我们要先把"行为"和"行为者"区分清楚，然后避免针对"行为者"的评价。在成长阶段，孩子的观念和能力还有待培养，行为会在学习中不断完善和进步，因此，我们也要避免以孩子当前的行为来评判孩子本身的价值。

我们应当认可孩子的能力、才能、技能和积极的个性特征，这相当于认可孩子用于具体情境中的内在资本，会让孩子明白优势是动态的，是可以培养的。

"这次考试难度很大，你还能考这么高的分数（行为），这是因为前段时间你非常努力（优势）和用心（优势），所以才能取得这样的进步和成绩。"

"你这样持之以恒一个学期，真的不简单，不管成功与否，妈妈都觉得你很有执行力（优势），妈妈为你感到骄傲。"

表扬孩子时，告诉孩子我们对他的某项特质感到骄傲，这是不可省略的重点。父母经常称赞孩子的品格特质，比如"很努力""有毅力""有成长性思维"等，慢慢这些特质就会成为孩子自我认同的一部分。下次遇到挑战，孩子付出同等程度的努力，即使以失败收场，孩子也会相信只要继续发挥特质（父母经常称赞的），继续努力，最终必定会取得进步。

可以使用这样的句式："**你真是个 _____（正向特质形容词）的孩子＋具体行为描述。**"

"你真是个认真的孩子，把字写得整整齐齐。"

3. 表扬行为。

"你看你这字写得跟甲骨文一样！"
"你怎么写这么慢！"

这样的语言只会让孩子反感，让他们变得讨厌写字。当孩子写字很慢，字写得又不好看时，我们还能表扬他吗？当然可以。

从孩子的动作开始称赞，孩子得到认可后，会想要把每件事情做好。我们可以使用这样的句式：

"妈妈注意到你的屁股黏在椅子上半个小时都没有乱动哟。"
"我看到你的拿笔姿势很正确哟。"

除了表扬正确的行为，我们还可以表扬他错误减少的状况：

"上次考试你错了5道题，这次只错了4道，你进步了！"

这是最简单，却也是最常被忘记的鼓励。不一定要代入个人的评价，也不一定要刻意讲什么好听的话，单纯让孩子感受到他被看见了、有人注意到他的不一样，就能让孩子内心充满力量。

4. 表扬过程。

"今天你的作业很快就做完了，好棒哦！"

如果我们这样表扬孩子，其实他并不知道自己的行为到底好在哪里，反而会以为写得快就是好，但如果作业要乱写才写得快，这样就与表扬的初衷背道而驰了。

帮助孩子了解自己好的行为的作用，以便让他在未来重复这些行为，复制自己的成功。我们要认可孩子的行为，哪怕孩子做某事的结果并不让人很满意，但是仍然可以表扬孩子做事过程中表现好的地方。我们可以使用"**描述表现＋指出具体观察到的努力或进步**"这样的句式。

"今天你虽然输了比赛，但是我看到你刚刚很投入，我想你很享受这个过程吧。"

"不用妈妈帮忙，你自己就能穿好衣服，真的是进步很多。"

二、发自内心去欣赏孩子

把孩子推开最容易的方法就是只讲他的缺点，告诉他"你要改变……"，然后让他失去信心。我们往往求好心切，总觉得他还可以更好。但是如果我们只看缺点，我们的行为举止、身体语言就会让孩子感到"我在父母眼中一无是处"，他的缺点就会被不断放大。孩子自信心的提升是他成长的非常重要的一部分，而自信的来源是被接纳、被称赞。因此，想要孩子自信，我们就要真心欣赏孩子。

1. 聚焦孩子的优点。

有些父母喜欢讲孩子的缺点，而把他的优点视为理所当然，这很容易使孩子失去信心。

曾经有孩子跟我说："父母常骂我是最愚笨、最懒惰的孩子。他们不相信我有什么才能，他们越是这样，我就越不情愿帮他们，其实他们要我做的实在是很小很小的事，例如拿盘子。"

如果我们能够把目光聚焦在孩子的优点上，他一定会还给我们无限的惊喜。我们可以每天找出一两件孩子值得欣赏或感谢的事，并真诚地说出来。

"你刚才很有耐心哟。"

"你今天主动帮妈妈了，谢谢你。"

2. 彰显孩子好的行为。

相对于许多不愉快的要求和限制，我们的赞赏会平衡孩子心中的沮丧和不悦。

"你把房间整理得很干净，连书桌和书架都弄得非常整齐！"

"你自己一个人玩积木玩得这么开心，我真高兴！"

我们越能具体描述孩子受欢迎和肯定的行为，孩子就越会把我们的赞美当真。

3. 寻找并强化孩子的亮点。

自信是互动的第一步，因此帮孩子找到一个明确的"亮点"，让孩子真心觉得自己有与众不同的地方，他自然就能拿出勇气和人说话。根据孩子的特质，帮孩子找出并培养一个适合的才艺，让孩子觉得自己很厉害，往往会有出乎意料的效果。

以"内向"为例，内向的孩子们通常有更多时间独处，也更能自我反省，因此内向的孩子往往更内秀，思想更丰富。但很多家长会刻意强调孩子的害羞，例如"我们家豆豆有些害羞，但是他也是个有礼貌的孩子"，其实这样说更容易导致孩子产生愧疚感。虽然我们认为说的话是在鼓励孩子，但孩子听到的却是"你就是不敢说话，才会没人和你玩"，结果只会让孩子更受伤。

其实我们不用过度担心，只要循序渐进地让孩子与朋友互动，就能积累更多的正向经验。虽然这可能需要花较多时间，但绝对会比我们一直不停地提醒孩子"你有些害羞"更为有用。

4. 及时表达欣赏。

当我们欣赏孩子时，最好马上给孩子正向回馈，告诉他此刻我们内心的赞赏和欣慰。以慈爱的眼光看着孩子，让孩子感受我们对他的肯定和欣赏，并将这份温馨收到心里。另外，肢体的接触，例如拉手、拍肩、击掌、拥抱等，也都是让孩子感受关爱的方式。

我们可以反复拿孩子一次好的表现来回味，就像孩子小时候的某些很可爱瞬间，我们一想起来，就感觉很幸福。这样的回味，我们重温多少次都不会嫌多，每次都会感觉甜甜的、暖暖的，很幸福。一种好的感觉，可以常常激活。强化好的感觉能帮助孩子进入正能量状态，也更容易激发孩子身上的闪光点。

说"你试试"而不是"你不行"

与其对孩子的尝试进行否定性评判，不如通过积极的语言和肯定的态度来激发孩子自我探索和成长。和孩子交流时，我们可以多使用"你可以试试""尝试一下"或"你有能力做到"这样的话语，这样说可以帮助孩子树立自信和探索精神，增强他们探究问题的兴趣。给孩子以鼓励和支持，让他们有更多机会去尝试、去探索、去创造，从而不断积累经验，不断成长。

一、我们爱孩子，但不能控制孩子

"我要你这样做，不是那样做！"

"你不听我的话就是不对的！"

"不行，必须听我的！"

这些话的言外之意是"拒绝"，拒绝孩子的想法，拒绝孩子独立做一些事，本质上就是拒绝孩子的成长。孩子就会认为"我的想法都不对""我不够好""我不行""不管我做什么，都无法让父母满意"。

当我们总是过度保护和控制孩子、不让孩子尝试新事物或自己解决问题时，孩子会觉得自己没有能力独立生活，会对未来感到恐惧。

尽管有时我们是出于关心，想保护孩子，但为了保护孩子而拒绝孩子自己成长，其实是过度控制，会导致孩子遇到困难或是危险时不敢向我们求助，因为他们害怕听我们说：

"你看，我早就说过……谁叫你不听话的！"
"你真是个大麻烦，净给我惹事！"

明明是想保护孩子，最后却让孩子陷入孤立无援的窘境，这样的结果一定不是我们所期望的。

父母一次次的拒绝、控制、数落，换来的是孩子一次次的失望、孤立无援。久而久之，孩子就不再愿意在迷惘困惑的时候跟父母聊了，因为孩子觉得父母并不想听，只想说教。

很多父母以为替孩子做决定，可以帮孩子清除成长路上所有的绊脚石，是爱孩子，是为了保护孩子，而实际上这样做传递给孩子只是："你不行"。

我们可以保护孩子，但不该控制孩子。控制是要孩子完全按照我们的话做，保护是明知道孩子走这条路会受伤，但提醒后孩子还是执意要走，那就让他走；当孩子遇到困难时，不主动帮孩子解决，而是跟孩子一起讨论可以怎么做。毕竟，孩子总有一天会长大成人，我们无法永远保护孩子，不如从现在开始，在他遇到磕磕碰碰时，陪伴他学习如何面对现实世界的危险。

也有一部分父母想要改变，想要学习民主的教养模式——自由却暗含规范、互相尊重却有父母威严的和谐亲子关系。然而，我们常常误解了民主教养模式，以为自由就是放手不管、以为尊重就是忍气吞声。于是为了"和谐""平等"的亲子关系，我们选择了口是心非，明明心里在意到不行，却告诉孩子："去试试啊！没关系！"

孩子是敏锐的观察者，但因为生活经验的限制，他还不太容易解读和搞懂他观察到的状况。他觉察到了父母说的跟心里想的是不一样的，不自觉地想搞清楚"究竟哪个才是真的？"

于是孩子开始逾矩、放纵，不断探索我们的底线，直到我们终于受不了、忍不住了，然后爆炸！孩子得到了答案："原来父母是骗我的！嘴巴里说可以，但明明就不行！"

有的孩子很害怕父母情绪爆炸，所以会暂时停止逾矩放纵的行为。也有的孩子不自觉地想要再证明、再尝试，说不定下一次就真的可以了，毕竟父母说是可以的……

这样一次一次地交手过招，并不会增进亲子间的爱，反而是耗损了彼此间的信任。

二、给孩子打气而不是打击

"你这样想不对！"

"怎么会想当保安呢？一点出息都没有！"

孩子在成长路上尤其是在面对各种压力的时候，时常会产生无力感，这个时候我们就不要再打击孩子了，而应给孩子打气，多鼓励孩子，给孩子力量。

1. 孩子虽然不爱做什么事情，但还是做了，此时，我们的鼓励就会成为孩子力量的最大源泉。

有位妈妈跟我说，她的孩子爱抱怨，功课经常拖到最后一刻才完成，还经常抱怨功课太多没时间玩，她对此很头痛，总想："你早点写不就没事了，干吗总是让大家都那么累？"

我让她换个角度想：孩子虽然抱怨，但还是将功课写完了，这也是一种负责任的态度，只是负责任的方式和大人期待的不一样。

所以在孩子抱怨时，我们要帮孩子找到力量，可以跟孩子说："虽然你抱怨功课很多，但你还是完成了，我觉得这就很好了。"于是，孩子还是会拖到很晚才写作业，但他抱怨的时间会缩短。这就是鼓励的力量。这样的例子还有许多。

"虽然今天上课迟到了，但是你还是去上学了。"

"虽然你跟别人吵架了，但你愿意面对问题，我觉得有进步。"

2. 在跟孩子说话之前，先想一下："这样说会增加孩子的力量还是减少力量？"

我们在做每个行为之前，先问一问自己："这样做会使事情变得更好还是更糟？"经常骂孩子"你不行""你真笨"，孩子真的有可能变得很笨，因为偏外向的孩子会产生逆反心理，而胆小软弱的孩子则会失去自信，变得更加消极。

"你果然是这样……"

"反正你也就这样了……"

我们不经意的一句话，可能会使原本充满无限可能性的孩子的内心埋下自卑的种子，可能会严重打击孩子的积极性。孩子会以"反正我很笨""我果然还是不行"为借口，给自己的消极态度和行为找理由。

3. 孩子的表现不尽如人意时，我们以几件正面的小事加以鼓励，将会给孩子莫大鼓舞。

孩子的作业中有一行字写得不错时，我们可以这么说："这行字写得特别整齐。"

孩子的数学成绩仍然不是很理想，但他这次积极备考了，我们可以这样说："我看到你昨天晚上 10 点钟还在复习数学。"

看似是微不足道的鼓励，对孩子来说却是莫大的鼓舞。其实，有时并不是孩子"不行"，只是练习不够。

4. 不要在赞美后加上"但是／可是……"。

我们似乎很愿意在赞美孩子的同时，加上一句批评，例如：

"这行字你写得很漂亮，但是其他的都是乱写一通！"
"你踢球技术无人可比，要是学校功课有这个的一半好就行了！"

孩子听到这样的话，并不会因为你的"赞美"而感到开心，只会因为"但是／可是"后面的话而感到沮丧，他会觉得"爸妈不是真的要赞美我，而是想挖苦我"。一定要记住：赞美孩子，要记得适时画上句号，否则效果只会适得其反。

三、让孩子勇于表现和尝试

"你不行，我说过了不可以，你不要再说了！"

我们可能对孩子说的话有想法，所以总是插嘴，急于提供自己的意见。这样重复几次以后，孩子就不再愿意主动表达自己的意见了。他们会想："看来爸爸妈妈的意见比我的意见更重要。"

如果孩子预期他们的意见会被批评，他们就会闭口不言了。一个常被批评的孩子，当他被问及意见时，他会回答："我不知道。"事实上，他想的是："反正说了一定会被批评，干吗要多说呢？"所以，我们要等到孩子说完他想说的以后，再分享我们的想法。

如果我们过于强调规则和指导，不让孩子自由表达自己的想法和创意，这可能会使孩子感到自己不行，做不到父母预期的那样。

看到孩子碗洗得不好，我们接管过来，以为这样做是在帮助孩子，可我们的行为传递的信息就是："你不行！"久而久之孩子也会认为"是我做得不好，否则为什么父母要接管一切？"

孩子大都喜欢尝试新事物，可后来为什么不去尝试了呢？因为一旦弄成一团乱，就会惹父母发脾气。因此，孩子得到一个结论就是"等父母教完再做，才不会让父母生气"，最后虽然孩子不会犯错，但也越来越不敢也不愿尝试了。

孩子内在的力量就这样一点一点被削弱了。孩子会认为："我连这点小事情都做不好，我真蠢，我是个废物。"

所以，当孩子想要尝试使用剪刀时，我们不要说："哎呀，不要碰！你还小，不会用，会伤到手的。"而应说："来，妈妈教你这样拿，你来试试看。"

当孩子尝试爬高时，我们不要说："别爬，太高了，你会摔下来的，你不行，赶紧给我下来！"而应说："宝贝，你来试试，小心点，慢慢爬，妈妈在旁边看着你。"

积极暗示，让孩子充满自信

孩子接受别人暗示的能力很强。父母是孩子最信任的人，如果父母能给孩子一些正面的暗示，相信一定可以激发孩子的干劲。孩子不断地听到鼓励和赞美，就会相信自己一定能行，并为之努力。

一、用正面暗示代替负面暗示

"不要把杯子打翻了。"

孩子拿杯子装水时、把牛奶倒进空杯时，我们总是忍不住要提醒。

我们总觉得不提醒孩子，他就会把东西打翻。真的是这样吗？然而即使我们千叮咛万嘱咐，孩子仍然把水打翻了。这是为什么呢？因为一般人都会想象自己听到的话。

当我们对孩子说"不要把杯子打翻了"的时候，孩子会在脑中想象打翻杯子的景象，结果手上不自觉地付诸行动。我们原本只是想提醒孩子，结果却事与愿违。这就是负面暗示，它会引导想象走向事实。那么，我们应该如何避免这种现象呢？

1. 将"不"语言改为正面语言。

如果我们不希望孩子把水杯打翻，可以这么说：

"轻轻地拿，慢慢地拿，像这样倒牛奶。"

当孩子做到的时候，我们可以这样鼓励孩子：

"对，很好，就是这样。"
"宝贝，你做得真好。"

"不"语言	正面语言
"不可以大喊大叫！"	"保持安静。"
"不要乱碰！"	"离开那里。"
"不要跑！"	"慢慢走。"

2. 将"不……就……"改为"……就……"

"不把房子收拾干净，就不能吃饭。"
"不洗澡身体就会臭的。"
"不当乖小孩，狼外婆就来抓你。"

这些句子的共同句式是：**不希望孩子做的行为 + 黑暗的未来**。

这样说，孩子仍然不知道该做什么，就算让孩子知道不刷牙的坏处（可怕的未来），孩子也不知道要去刷牙，他只会心生恐惧，因为在前方等待的是可怕的未来。

所以解决问题的关键在于告诉孩子该做什么，告诉孩子光明的未来。所以句式应改为：**期待孩子做的行为 + 光明的未来**。

不希望孩子做的行为 + 黑暗的未来	期待孩子做的行为 + 光明的未来
"不刷牙就会有蛀牙。"	"好好刷牙，牙齿会越来越漂亮哟。"
"不吃早饭就会没力气。"	"吃了妈妈做的早饭，就能更有力量跟小伙伴玩哟。"

二、父母的暗示将成为孩子行为的预言

"我们家儿子从来就没有适应的问题，到新环境、上各种新课程从来不会哭，如果哭一定是别的问题，比如有人欺负他了……"

当孩子哭闹不停时，如果我们这样说，他就会顺着我们的说法，告诉我们学校有人欺负他。

孩子没有跟老师打招呼，我们对老师说："老师，他因为害羞才不敢叫你，您再给他一点时间，他在家里都不会这样。"然后又对孩子说："你是害羞，所以不敢和老师打招呼，对不对？"

如果我们总这样说，那么有一天就算孩子想开口跟人打招呼，但听到我们的提醒他也会低下头继续沉默。这就是"比马龙效应"（即"期望的应验"）。小孩子对自己还没有办法做出太具体的期望时，父母、成人的期望，往往就会成为孩子自我形塑的标准。

作为父母，我们了解并推动自己孩子的成长历程，这是毋庸置疑的。

孩子们把父母看作是最重要的依靠对象，在父母的帮助下寻找人生道路上的正确方向。因此，父母对孩子的描述无论是意有所指还是无心描绘，都会像魔咒一样深深烙印在孩子的心里，促使他们去实现这些父母描述的特质或行为。

孩子每天都在成长，随时都可能发生很大的变化。我们经常给他们消极的暗示，往往是孩子难以建立正面行为的重要原因。例如"你就是……的孩子""你就是不行！""你真是个大麻烦！""你怎么总是给我惹祸！""你不可能做得到！"等，孩子会慢慢接受我们的暗示，照着我们写好的剧本走。在我们不自觉地影响和引导下，孩子可能会变成我们所描绘的那种形象。

有些父母在接孩子放学回家的路上喜欢这样问：

"宝贝，今天在学校累不累啊？"
"今天在学校有没有跟别的小朋友打架啊？"
"老师有没有批评你，同学有没有欺负你啊？"

我们这样讲话，孩子就会被引导着思考学校不好的地方："哎呀，老师批评我了，同学欺负我了，我好辛苦好累啊，学校哪哪都不好，我不去上学了！"所以，我们不要责怪孩子突然有一天说"我不想上学了"，很多时候这是我们语言引导的结果，我们却还不自知。

所以我们要改变语言模式：

"宝贝，你在学校很开心吧，有没有什么开心的事情跟妈妈分享？"
"你今天在学校一定交到了新朋友吧，给妈妈说说？"
"你今天一定是收获满满吧？"

这样说就是给孩子积极正向的心理暗示，给孩子的每一天都画下美好的句点，永远保持对学校的美好印象。

三、建立正面合理的期望，孩子将大有不同

做家庭教育这些年，我发现一些孩子明明已经克服了分离焦虑，却依然会在进校门时跟父母哭闹，不想分别。事实上，当我们理性地同理孩子，用尊重、相信的口吻表达对孩子的期望时，神奇的事就会发生了——孩子隔天就可以收起情绪，自信平和地进入学校。因为他听到了"相信"，因而改变了对自我的期许。

我们尽量不要在孩子面前讨论他的负面行为问题。如果要跟老师或者其他人讨论自己家孩子的情况，一定要记得先把孩子支开，再进行沟通。当我们给孩子的都是坚定的规范、合理的要求与正面的期许时，"比马龙效应"会发挥出更好的效果。

如果我们给孩子的期望比他能做到的再高一些，他就会努力达成。如果我们总是对孩子期望不够高，那么孩子就可能陷入平庸的状态。我们的暗示很容易成为孩子行为的预言。

如果孩子不敢一个人出门，我们要鼓励他：

"你一个人外出没问题的。"
"你能行的，你可以做到的。"

受到我们的正面暗示，孩子会想："可能我真的可以做到，妈妈都认为我可以做到，我可以试一试！"然后他就会去尝试。如果孩子真的做到了，他就会从行动中获得自信。所以我们一定要时常鼓励孩子去尝试，去行动，只有这样孩子才会越来越自信。

有不少孩子倾向于事先给自己下定论说"我做不到"，并因此变得悲观消沉。有孩子会说"我也想打篮球，但是我不怎么擅长运动"，于是就拒绝加入篮球队。当我们建议孩子参加编程比赛时，孩子会说"我不可能通过的！""我做不到……""我不会……"等，并拒绝参加。还有的孩子会说"我不喜欢"或"我没兴趣"，实际上也是因为他不相信自己可以做得到。此时如果父母说"你怎么就做不到呢？真丢人"

这种火上浇油的话，孩子甚至会彻底失掉信心。

所以，我们需要多给孩子正面暗示，对孩子说"你可以的"，帮助孩子建立自信。孩子听到父母这样说通常就会积极行动。每个孩子其实都具备无限潜能，是激发孩子的潜能还是扼杀孩子的可能性，这取决于我们如何引导。

有一次，我女儿小雅的学校要举办运动会，她放学回来跟我说："好烦啊，老师选我参加跳高。"

如果这个时候我说："哎呀，这有什么好烦的啊，老师怎么不选别人啊？老师选你是因为他觉得你很厉害啊，你应该高兴才对啊。"

孩子听到这样的回应，她的情绪并不会得到缓解。因为她觉得自己的真实想法没有被理解到。实际上我很理解，她是担心自己被选上了，但是到时候如果没有获得理想的成绩会很失望，她是担心自己做不到才会这样说。

所以，我问小雅："你是不是因为被选上了觉得有压力啊？"

小雅虽然没吭声，但是我能观察到她感受到了被理解。我继续说："你们学校举办运动会，我看到你们班上的同学都很积极地参加，每个人似乎都选了项目。其实运动会就是重在参与，体验的过程很重要，结果并不重要。你努力去做，尽力去做就行了。我相信你们老师也是这么想的。"我这样说完，小雅的压力就减轻了很多。

相信孩子，孩子才有动力

一、鼓励孩子问"为什么"

"妈妈，鸟为什么会飞啊？"

"妈妈，天空为什么是蓝的？"

当孩子问"为什么"时，实际上是孩子在思考。即便孩子问的问题让我们觉得很弱智，不值得一提，我们也要表扬孩子善于动脑、观察细致。

"哇，你观察得很仔细啊，居然问出这样的好问题。"

"你能发现这样的问题，真的是太棒了！"

孩子问的问题我们不一定全部都要正面回答，我们可以接着反问：

"那你是怎么想的呢？"

当孩子问的问题难倒了我们，我们回答不上来时，千万不要说：

"哪有这么多为什么啊，因为所以，科学道理，本来就是这样啊……"

"哎呀，问什么弱智的问题，走走走，赶紧回家。"

　　我们如果这样错误回应，很有可能会扼杀孩子的好奇心。我们可以说："这真是个好问题，你是怎么想到的？"这句话像是"万金油"，我在日常工作和生活中都会经常使用，真的是屡试不爽。

　　其实，我们是否能正确回答孩子的问题并不十分重要，和孩子一起寻找答案的过程才是重点。

　　如果我们一味地告诉孩子："这是答案。这是事实。你只需记住，不要问为什么！"那便限制了孩子探索和思考的好奇心，我们也失去了培养孩子逻辑思维能力的最佳机会。

　　如果孩子问："妈妈，为什么春节我们要放鞭炮？"

　　我们可以这样引导：（诚实回答并引导）"我也不知道啊，我们可以一起试试找答案。"

　　妈妈：（寻找特点）放鞭炮的时候，给你什么感觉？

　　孩子：很开心呀。

　　妈妈：（根据特点找规律）除了春节，还有什么时候能看到放鞭炮？

　　孩子：我看到有人结婚的时候也会放鞭炮，还有饭店开业的时候也会放鞭炮，还有……

　　妈妈：春节对中国人来说是不是很特别？

　　孩子：嗯，春节是个特别的日子。

　　妈妈：你觉得这些放鞭炮的场合，有什么一样的地方？

　　孩子：好像都是喜庆的日子。

　　妈妈：（鼓励猜想）那你猜猜看，这种时候为什么要放鞭炮？

　　无论孩子的问题是什么，我们都可以用以上步骤进行引导，来培养孩子的逻辑思维能力。

孩子喜欢问问题，有的父母觉得很烦，就会打断孩子的话，或要孩子安静。当别人问孩子问题时，有的父母经常替孩子回答。这两种做法都会剥夺孩子练习说话的机会，导致孩子自我表达能力差，并会渐渐不再愿意跟父母说话，也不利于孩子日后的社会交际。我们不应该限制孩子说话。

有的父母误以为多对孩子说几次，孩子就应该懂得如何做，所以，即使在安慰孩子时，也会喋喋不休地指出孩子的过失，叮嘱他应该如何做，而忽略孩子的难处。这样做会让孩子感到麻木，变得了无生气，没有自信。

二、用"启发式提问"引导孩子思考

在一般家庭中，每天大人对孩子说的话, 80% 以上都是以命令语气。从早上起床到晚上睡觉，都充斥着对孩子的各种命令，例如：

"快点穿衣服。"
"很晚啦，赶紧收玩具了。"
"现在去洗澡。"
"赶快去睡觉！"

命令式语言并不能算作真正的沟通，因为这些话语既没有表达任何感情，也不能建立孩子与我们之间的连接。

要想孩子更加有主见和想法，我们需要用"启发式提问"来代替命令式语言。

父母：豆豆，你记得几点要洗澡吗？
孩子：八点半。
父母：是的，现在已经八点半了，你知道要做什么了吗？

孩子：要收玩具去洗澡了。

启发式提问就是用"引导孩子思考的疑问句"来代替"必须服从的命令式语言"。

命令式语言	启发式提问
"豆豆！请你吃快点！"	"豆豆，我可以相信你会在约定时间内吃完吗？"
"豆豆，快点！我们等一下就要出门了！"	"豆豆啊，你知道我们要几点出门吗？你觉得我们来不来得及？"
"豆豆，请你把餐袋收拾好！"	"豆豆，你要花多少时间收拾餐袋呢？"

通过引导，我们可以帮助孩子了解自己该做什么，然后付诸行动，而非一味靠大人下命令才做，以致失去自己的思考。

如果用强压手段来命令孩子，孩子很可能产生反抗情绪。而更糟的结果是，习惯被命令的孩子，只要没被提醒，就不会主动去做该做的事。因为他为自己负责的动力已经被我们严重压抑了。**我们应该多跟孩子对话，而不是处处要求孩子听话。**

此外，当我们想提醒孩子时，也可以用非语言来代替命令式语言。当时间到了该收拾玩具时，我们可以看着孩子微笑并用手指着自己的手表，或是指着挂在墙壁上的时钟再看着孩子，对孩子微笑并点头，以此表示"时间到了，孩子，我相信你现在该收拾玩具了"。

我时常接触到一些孩子，如果问他"你是怎么安排的？"他会说"没安排"；如果问他"你认为现在该怎么做？"或者"你的想法是什么？"他的回复是"不知道"。

听到孩子这样回复，父母就开始着急了，"你怎么能没想法啊？"殊不知正是因为平日我们与孩子沟通时经常使用命令式语言，直接给孩子答案或替孩子决定，才导致孩子失去了独立思考的能力。

如果孩子平时并没有太多的权力去选择或者说出自己的想法和意见，久而久之他也就没什么想法了，开始习惯不去思考，等着父母来"喂"。我想，这应该并不是父母所期望的吧？

我们平时应该多多练习用启发式提问来引导孩子思考，以下句式可以直接套用。

"你需要什么？"

"你对此有什么感受？"

"你现在想做什么？"

"我怎样才能帮到你？"

"你需要我为你做些什么呢？"

"你觉得怎样做才能解决问题呢？"

三、对孩子说"我相信你"

相信是一种能力。"我相信你"这句话非常有力量。可以使用这样的句式：**陈述支持信心的客观证据 + 我相信你_____。**

"你每天出门都愿意练习自己穿鞋，我相信你很快就能学会的。"

"你每天都认真练习跳绳，我相信你跳的个数会越来越多的。"

这种鼓励，会赋予孩子更多力量。信任是孩子成长的最大动力。父母们往往过度强调错误，忽略了孩子的进步和成长，反而令孩子感到气馁。例如：当小孩拿起扫把，主动扫着地上的碎屑时，我们的反应往往是"你把碎屑弄得到处都是"，而不是"你主动做家务，我为你感到高兴"。

1. 盯着孩子做事是不信任。

孩子写作业拖拉磨蹭，我们认为是孩子自己在房间里东摸西摸不好好写，于是我们就会坐在孩子身边，盯着他做作业。这种方式看似是"陪伴"，实则是"监工"，暗含着"我不相信你可以做到"的意思，会让孩子感到不被信任。另外，我们坐在旁边也会给孩子很大的压力，孩子会有一种被监视的感觉，这会让他的大脑处于一种紧绷的状态，将注意力全部放在身边的父母身上，而不是在学习上，这样很不利于孩子的学习。

有的家长甚至还在孩子房间装上了摄像头，将孩子的一举一动都放在自己的掌控之中。也许我们认为，这样做是出于对孩子的关心，是想多了解孩子，可孩子一旦发现自己被如此监视，那亲子关系就会出现裂痕，从此孩子不再信任我们。这些做法只会让我们跟孩子的距离越来越远，导致孩子再难对我们敞开心扉。

2. 反复叮咛与提醒也是不信任。

"记得喝水啊。"
"记得带外套啊。"
"我不在家的时候不要看电视，听见没有？"

信任孩子会做好，所以交代他做好自己的事即可。虽然很多时候孩子不一定做得到，但如果一个星期里面有一天孩子能自己把事情都做好，那就要给予鼓励与赞美："我就知道你能做好，妈妈相信你。"这样孩子才能发现自己的进步并成长。

我有个闺密，因为需要照顾住在附近的婆婆，偶尔会把孩子们留在家里。有一天，她问小宝说："妈妈不在家你们都做什么呀？"小宝认真地回答："哥哥一直在玩游戏，我在看书。"听到小宝这样回答，一旁的哥哥不由得低下了头，做好了被批评的准备。

闺密听完后把哥哥叫过来，对他说："你和妈妈说好只玩半小时游戏，以后要说到做到，妈妈相信你。"听到妈妈这样说，哥哥觉得不能辜负妈妈的信任，所以之后妈妈不在家时，哥哥也能约束好自己，控制好玩游戏的时间。

如果妈妈说"我就知道你会偷偷地玩！""你要是不遵守约定，我就没收你的游戏机"这类的话，那么，后续会怎样呢？哥哥会表面答应，但妈妈不在家时仍难以抵挡游戏的诱惑，继续偷偷地玩。这就是信任与不信任孩子带来的截然不同的后果。

3. 我们相信孩子，他才会相信自己。

"我也管不了你了。你以后想怎样就怎样吧。"

我们这样讲，孩子就会自暴自弃。

如果连我们都不相信孩子能变好，那他就更不会相信自己了，这就等同于把孩子推向了绝望的边缘。就算全天下的人都不相信他，只要我们相信他，我们的信任就可以成为支撑孩子走下去的力量。

我们不是从孩子身上看到了希望，才相信孩子，而是相信孩子了，我们才看到了希望。

告诉孩子，不要害怕犯错

虽然有些父母在孩子犯错后会说"做错事承认就好，我又不会骂你"，但当他们说这句话时，脸上的表情及散发出来的气场，无一不表明"我在生气"。孩子感受到父母的负面情绪，便会自然产生"害怕被责骂"的心理，大脑就会启动与"害怕"有关的情绪反应，但由于还小，孩子没办法自我缓解情绪，因此需要父母从旁给予协助、引导，帮助孩子缓解恐惧。

一、孩子犯错，父母的反应很重要

我们对孩子犯错的反应将会影响孩子未来再次犯错时的表现。这种反应可能是决定孩子面对失败越挫越勇抑或自怨自艾的关键。父母对孩子犯错的反应决定了孩子未来发展的高度。

面对孩子犯错，我们该如何表现？

1. 留意我们与孩子的情绪反应。

"这么简单的事，你怎么会错？真是笨啊！"

"你再犯错，妈妈就不要你了啊！"

当孩子对自己的错误和失败感到生气或不满时，我们需要适时引导孩子的情绪，而不要火上浇油。我们可以从孩子犯错的反应中，抽丝剥茧得到孩子情绪的线索。

"虽然这次做错了，不过你已经尽了全力，是不是也该为自己感到很开心啊？"

"你是不是也因为犯错感到生气、懊悔啊？"

若我们在孩子犯错时，一味地要求孩子承认错误，并放任孩子的情绪不管，那么孩子就会承受来自自己和父母的双重压力。即便承认错误，也只是表面行为。因为这次情绪没有得到正确的引导，下次再遇到同样的情况，孩子内心产生的"害怕"只会让他逃避问题，而非勇敢面对。

2. 放眼未来，相信下次会更好。

我们不应执着于当下孩子犯错的事实，而应让孩子明白"犯错也是一种学习。如何从错误中学习，避免未来再次犯错才是重点"。我们可以与孩子讨论：

"有没有发生让你觉得有趣的事？"

"有没有你喜欢或是不喜欢的事情？"

"有没有未来做得更好的方法？"

面对犯错，我们应该引导孩子专注于过程中的学习与满足，而非错误导致的结果。

3. 避免体罚，给孩子一个拥抱。

孩子犯错时，如果我们因孩子犯错而体罚孩子，那只会让他对犯错更加恐惧。我们应与孩子正确演绎面对错误时的解决方法，让孩子学会承担责任。

孩子犯错时，他们通常是很害怕的。我们应该"处理而不处罚"，在理解孩子犯错主因的基础上，协助孩子纠正错误。要让孩子了解即使他们犯错了，我们对他的爱也不会消失，我们反而会给予他支持与陪伴。如，当孩子犯错时，我们可以给孩子一个大大的拥抱，以化解孩子内心的恐惧和担忧。

二、花时间训练，从经验中学习

很多追求完美的父母总希望孩子少犯错，因此总围绕在孩子身边，恨不得为孩子代劳一切。这看似是在减少孩子犯错的可能，无形中却也减少了孩子练习的机会。

爱因斯坦曾经说过："一个人从未犯错是因为他不曾尝试新鲜事物。"当我们尝试新事物时，犯错是正常的，不犯错的话反而是不正常的。作为父母，我们应当及时踩下过度干预的刹车，让孩子去从犯错经验中学习。

有时我们会因为孩子没拿稳玻璃杯打翻了牛奶或帮忙做家务打碎了碗这样的行为而去批评孩子，殊不知孩子正是需要不断练习，从经验中学习，才能越来越熟练，因此我们要花时间教导孩子，训练孩子。

我在女儿四岁的时候，开始训练她"洗碗"的技能。我教给她的步骤是这样的：（1）卷袖子，（2）准备（清水冲碗、洗碗巾和洗洁精），（3）由里至外刷洗，（4）将物品归位。

我先是协助女儿一起完成，等女儿大概记住步骤后，我开始让她自己做，我只是在一旁提醒，就这样实施了几天。一天，我放手让她独立操作。我看到女儿端着碗筷走进厨房，她先是忘了要卷袖子，然后是把水开得太热，再然后就是她拿碗的方式不稳，眼看着就要滑掉的样子……

当时我在一旁看到这里就忍不住想上前帮她，但最后还是忍住了。我不断提醒自己"要让孩子犯错"，孩子需要犯错，因为从犯错之中她能察觉到自己的行为是不是失准了、需不需要调整。如果我们永远帮孩子擦桌子，那么孩子就永远不知道自己是不是有能力把桌子擦干净。

对于行为本身好坏对错的察觉也是一种学习。

从不舒服的湿袖子上，孩子会发现自己忘记卷起袖子了；从开得太烫的水中，孩子会明白要学习如何调整水温；从没有洗干净的碗和汤匙之中，孩子会了解自己还有需要改进的地方，下次会更细心。我们要让孩子有犯错然后从中学习的机会。

当然，我们做父母的也需要在恰当的时候助他一把，如提醒他："记得袖子""左手拿碗，右手拿洗碗巾"，或者是在检查的时候告诉他哪几个地方没有洗干净。从这样小小的提点之中，孩子会慢慢修正他的行为，最后做出正确且恰当的行为。这些都需要我们耐心地守候、长时间地反复训练，以及孩子努力不懈地尝试，这几者缺一不可。

最重要的是，我们需要了解"孩子犯错是很正常的事"，要允许孩子犯错，不要剥夺孩子从错误中学习的机会。

三、孩子犯错时，温柔且坚定地提醒

从孩子两岁三个月或两岁半开始，当他有足够的语言理解能力，能听得懂大人的话，也有能力大体表达自己基本意愿的时候，我们就可以开始提醒并纠正孩子的错误。

当孩子犯错时，我们可以依照下面四个步骤，态度温柔且坚定地提醒孩子。

第一步，叙述我们看到的错误行为："我看到你在翘椅子。"

第二步，告知孩子为什么不要这样："这样会很吵的。"

第三步，告知 / 示范正确的方式："我们是这样坐椅子的。"

第四步，对孩子纠正后的行为，当下给予肯定："是的，谢谢你。"

如果提醒好多次之后，孩子还是不遵守规则，有些父母就绷不住了，会去呵斥孩子：

"好好坐着，不要翘椅子了，你再翘就没椅子坐了！"

"你去做……"这种命令句最大的缺点就是容易被孩子逮到机会回一句"不要"。

此时，我们可以将"命令"改为"有限的选择"。

"你想要A（正确选择且有好的结果）还是B（不正确的选择，有孩子不喜欢或不希望的结果）？"

例如，孩子已经被提醒两次了，可还继续翘椅子，这时候我们就可以用温柔且坚定的眼神看着他说：

"你要不翘椅子继续吃早餐，还是再翘一下椅子就离开餐桌？"

这里需要注意的是，若孩子选择继续做不对的事，我们要"允许孩子犯错"，只是孩子要承担后果，那就是离开餐桌。这个时候我们只需要温柔且坚定地执行，无须多说什么。

再比如，如果我们想跟孩子说"穿个外套再出门"，不如这样说：

"你想穿红色的这件外套，还是蓝色的这件？"
"你想外套拿在手上，还是穿在身上？"

给孩子选择，会让孩子觉得受到了尊重，多数情况下孩子是会配合的。

四、父母需要和孩子站在一起

当孩子犯错时，我们要跟孩子站在一起，这意味着"爸妈相信你、爸妈会陪着你解决问题"。这种信任感，是孩子成长的底气。这不代表袒护，更不是宠溺。孩子做错时我们还是要纠正引导。

第一步，接住孩子"害怕"等负面情绪。

第二步，和孩子共同面对问题。

有一次暑假我带女儿出去旅游，在办理退房的时候，"嘭"的一声，传来瓷器破裂的声音。女儿把酒店大厅一个茶几上的摆件弄到地上，那个30厘米高、看起来非常精美的雕像裂掉了一角，不知道能否粘回去。

当时我其实很想责难孩子，说下面这些话。

"不是叫你好好坐在这里等我吗？"

"好好坐着不会吗？为何还要摸东摸西？"

"你看看你干的好事，以后不带你出来玩了！"

"都讲过好几次了，你怎么还是这样不小心？"

可看到孩子的表情，我相信她肯定知道自己做错了，也相信她不是故意的，我深呼吸一口气，说：

"我知道你不是故意的，你觉得现在该怎么办呢？我们弄坏了摆件，得负起责任。"

"去跟老板道歉。"

"嗯，还有，东西是我们弄坏的，也要负责赔偿。走吧，妈妈陪你去说……"

不是我去说，也不是要孩子自己去说，是我陪她去说。

我们走到柜台前，女儿鼓起勇气，开口说道："不好意思……老板，我把东西弄坏了，对不起……"。

"真的很抱歉，不小心撞到，看是否可以修复，不能的话看怎么赔偿才好？"我边补充着，边把撞坏的摆件拿给柜台里的工作人员。

工作人员接过摆件，皱着眉头检查断裂的地方，我心想："完蛋，该不会很名贵吧？"他看着孩子，开口第一句话问："孩子有没有受伤呢？"

接着他打了通内线电话跟主管报告，并再次跟我们确认孩子没有受伤，最后，也没有要我们赔偿。离开时，我跟孩子都松了一口气，没想到最后事情顺利解决。

我对女儿说："做错事没关系，也不用害怕，想办法去解决好就可以了。"

很多时候小孩不是怕做错事，而是害怕面对父母的怒火和责骂。有些孩子犯错会先哭起来，因为紧张、怕被责怪。这次我接住了女儿害怕的情绪，陪伴孩子一起想办法面对和处理所犯的错。

原来，不用责骂犯错的孩子，孩子一样能得到教训，一样能学习如何为自己负责。孩子做错事时，比起指责，他更需要的是帮助。如果那时候我们还跟他对立，他肯定会觉得十分无助。

我必须承认和反省，自己有时也会选择站在别人那边，去指责孩子。

当孩子在外面犯错、闯祸或是有不礼貌行为时，我们常常怕别人觉得我们没有把孩子教好、觉得尴尬丢脸，所以忍不住大声指责孩子。

始终和孩子站在一起，父母也是需要勇气的。**有句话说得好，"和孩子站在一起，陪他去打败问题，而不要和问题一起打败孩子。"**

第五章

高效管理，提升孩子学习力

孩子不够专注，父母不要急着打骂

孩子不够专注是很多家长都会遇到的问题，父母们常常因为孩子无法集中精力而感到困扰。许多父母会采用打骂、惩罚等方法，来改善孩子不够专注的现象。

但实际上，打骂、惩罚可能会使孩子的不专注问题变得更加严重，甚至增加情绪问题和压力。父母可以采用更有效的方法来改善孩子注意力不集中的问题。

一、鼓励孩子多坚持"一分钟"

豆豆参加了一次画画的试听课，因为非常喜欢购课后赠送的玩具就要妈妈报名，妈妈和豆豆提前约定："如果要让我给你报名，你就要努力坚持上课，我相信你能做到，对吗？"豆豆答应了。可是没过多久，豆豆就不想去上画画课了。

很多父母都会因为孩子"三分钟热度"头疼，认为孩子做事没常性。坚持每天做同一件事确实不是那么容易的，哪怕本来再喜欢一件事情，不断地重复做也会产生厌倦情绪，尤其是很多才艺的前期学习多半是枯燥而无趣的，所以孩子只有"三分钟热度"也是可以理解的。但其中还有一个重要原因常被我们忽视，那就是我们不当的教育方法和说话方式。

"你看你总是这样，我就知道你每次都坚持不了。"
"以后再也不给你报名兴趣班了，总是浪费钱！"

如果这样说，孩子就有可能因此失去发展特长的机会。那我们应该如何做呢？

1. 及时反馈，肯定孩子。

"哇，你这些作品真的很棒，我们秋天的时候在家里办个豆豆画展吧，你可以邀请你的好朋友来参加。"

当有人欣赏和喜欢孩子的作品时，孩子就会产生成就感，不管是不是"办画展"，他都会愿意创造更多作品。

2. 鼓励孩子再坚持"一分钟"。

当孩子想放弃时，我们可以鼓励孩子再多坚持"一分钟"，只要多坚持一分钟就好。当孩子能够多做到一点点时，我们就大大地肯定孩子："你做到了，你又多做了一分钟。"孩子会因为自己做到了，变得越来越相信自己，这样就会进入一个正向循环，而在这个过程中，孩子其实已经在坚持了。

二、不给孩子贴"不专注"的标签

"你每次写作业都不专心，我一走开，你就玩橡皮！"

这种以"你"开头的句式，例如"你怎么都不……""你总是……"等，听起来更像是指责，可能会引起孩子的反感和攻击情绪。当我们使用这种句式时，孩子往往会本能地反驳："我没有！""我不是！""你又不是我，你怎么知道我怎样？"

我们要学会沉住气，学着以"我"开头说话，例如"我觉得……""我担心……""我认为……"来表达我们的感受和想法，而非用我们的观点去揣测孩子的想法，这样就不容易遭到孩子的反抗了。

孩子不专注的原因多且复杂，我们不能直接给孩子贴上"不专注"的标签。回想一下，孩子在做喜欢做的事情时是不是很专注呢？他洗完澡后在卫生间玩泡泡不肯出来、他在海边挖沙堆城堡玩到停不下来、他在游乐场玩滑滑梯可以不厌其烦地上来下去、他蹲在雨后的草地上看蜗牛能看个半天，完全投入其中，忘记时间，等等。

当我们看到孩子坐在书桌前半天都没动手做作业，不妨这样说：

"我看到你在书桌前已经坐了半个小时了，作业还是在第一页。"

这叫作客观描述，只描述自己看到的。如果此时我们有情绪，也可以直接表达感受："我真的很着急。"然后进一步询问：

"是遇到问题了吗？是因为今天的数学题比较难吗？要不要我陪你看一下问题出在哪儿？"

在看到孩子做作业不专注时，除了给孩子贴标签，我们还喜欢去纠正孩子的坐姿。

"你看你的背弯得跟个小老头一样，头给我抬起来，坐直了！"
"不要趴在桌子上，眼睛都快近视了。"

我们喜欢把孩子的"不专注"等同于"学习态度不好"。实际上，孩子即便在书桌前坐了半小时作业也没写出多少，我们也可以肯定他：

"我看到你坐在书桌前半小时都没离开座位，其实你已经很专注了。"

一旦孩子努力专注，我们一定要及时给予肯定：

"你之前在书桌前只能坐 20 分钟，现在可以坐到 30 分钟了，已经有很大进步了，你越来越专注了。"

三、孩子有兴趣时，父母不要打扰

生活中经常看到这样的场景：孩子在游乐场开心地玩滑滑梯时，家长看着孩子满头大汗，就说："先别玩了，过来，你的汗巾湿了，给你换一块。""宝贝，快来喝口水。"孩子正专心玩玩具时，家长过来问："要不要吃水果啊。"孩子作业做到一半，家长在一旁问东问西，要给孩子提供帮助。孩子正兴致勃勃搭积木时，晚饭准备好了，家长就喊："别玩了，赶紧洗手，快点来吃饭，再不吃，饭就凉了。"殊不知，这样做对培养孩子的专注力有很大的影响，甚至会严重破坏孩子的专注力。

当孩子全神贯注地做某件事（除了玩电子游戏之外）时，我们应该尽量减少对其干扰，让他们保持专注。这样可以让孩子体验到专注和创造的美妙，同时培养他们的自我动力和责任感。

兴趣是一种无形的动力，能促使人去探索和钻研。孩子们的专注力在真正的兴趣被发现之后会得到极大的提高。当他们开始专注于某件事情时，他们会沉浸在自己的世界里。这种专注状态能够帮助孩子更深入地学习和体验自己的能力，同时也能激发孩子的创造潜能和自信心。因此，我们应该给孩子更多探索和发现的机会，帮助他们找到真正感兴趣的领域，同时尊重并支持他们的独立学习和创造。

我们怎么帮助孩子找到他们的兴趣所在呢？可以拿一张纸和孩子

一起罗列一下。

父母：你喜欢做什么？

孩子：我喜欢画画、打篮球、踢足球……

父母：你做什么的时候有享受的感觉？

孩子：我在画画、打篮球、踢足球的时候都有这种感觉。

父母：如果满分是 10 分，那你做这些事情的时候，那种享受的感觉分别打几分啊？

孩子：我画画的时候是 8 分，打篮球的时候可能是 6 分，踢足球的时候可能是 9 分。

和孩子一起在他的兴趣领域去探索，培养他的专注力。在这个过程中，我们要注意两点：

第一，要保护孩子的好奇心。孩子从小到大，其实是不断尝试和探索的过程。培养专注力的第一步就是好好保护孩子的好奇心。

第二，要鼓励孩子多尝试。去探寻孩子喜欢做并且擅长做（和他的能力相匹配）的事情，如果这两者均契合并且孩子也十分感兴趣的话，他的专注力将会更集中，更投入。

跟孩子一起制定合适的目标

制定目标是实现自我价值和激发人生动力的重要手段，也是孩子成长的关键环节。因此，作为父母，我们应该和孩子一起制定合适的目标，以激发孩子的学习动力，帮助孩子实现个人价值。

一、将大目标分解成易于达成的小目标

豆豆的成绩一直没有起色，他有些苦恼，于是妈妈提议道："如果你在平时的测试中成绩能够连续提高9次，哪怕每次只提高一分，我就给你买份礼物，作为你创造纪录的纪念。你看这样可以吗？"

"好啊！"豆豆很快变得干劲十足，第一次尝试时，在第7次测验中没能实现目标。妈妈就鼓励他说："就差一点就成功了，太可惜了。"第二次挑战时，豆豆实现了目标，果然得到了妈妈的奖励。

"每次考试只要比上次有所提高就算达标"，这个目标听上去难度不大，比较容易实现，因此孩子不会抗拒。9次考试下来，豆豆的成绩比之前提高了近20分。如果妈妈说"一次考试提高20分"，恐怕结果就大不一样了，孩子会因为觉得这个目标太难而心生抗拒的。

很多父母都会帮孩子设定目标，达到目标就会给予肯定或奖赏，只是有时候目标设定得不太合理，比如，明明孩子数学每次都只考 40 分，却帮他设定了一个 80 分的目标。这种情况，可以先设定目标为 45 分，让孩子看到希望，他才会愿意努力下去。

每次都设定一个小一点的目标，一点点地积累实现小目标的喜悦，逐渐促成更大目标的实现，孩子就能体会到成功的喜悦，这样就会形成一种良性循环，促使孩子不断进步。

有时孩子制订计划没有结合自身实际去考虑能否做到，结果制订出超出自身能力的计划。这时就算我们鼓励孩子一定要坚持到底，也无法让孩子鼓足干劲，甚至导致孩子反复受挫。所以，当目标太高时，我们应该引导孩子将目标降低到只要努力就可以实现的程度，先让孩子体验到成功的喜悦，然后再激励孩子鼓足干劲继续执行计划，这样会有效刺激孩子的积极性。

如果孩子无法在课桌面前一坐一个小时，那就先从 5 分钟、10 分钟开始。我们要设定符合孩子实际情况的目标，先要让孩子体会实现目标的成就感，让孩子产生持续努力的动力，然后引导孩子一步一个脚印向前迈进，不断朝着小目标努力，最终实现大目标，这样孩子在以后的生活中都会以积极心态面对困难和挑战。

由于孩子的大脑尚未发育完善，因此，在大人看来很简单就能完成的事情，孩子却觉得非常困难，特别是碰到作业多的时候，孩子可能会花费更多时间。有时孩子也会抱怨："怎么那么多？"此时，拆解功课，如以一页为单位，或是以一大题为单位，可能更有效。我们可以这样问孩子：

"做这页功课可能要花多久？"

"你觉得做这道题要花多少时间？"

"总共得花多少时间？"

这个方法有助于孩子踏出第一步，并且持续下去。最后孩子往往会觉得"竟然没有想象中那么难，分解之后变得容易了很多！"除此之外，分次学习或是缩短单次学习的时间，也是不错的方法。总之，将大目标分解成易于达成的小目标，会让孩子充满希望，孩子会相信只要努力就能实现目标。

二、有目的，才有行动力

所谓目的，其实就是自己想达到的理想状态。如想让成绩变好，取得好成绩就是目的。孩子的学习目的，并不一定是提升成绩或是为将来打算，但当孩子没有明确学习目的时，他往往会问大人："为什么要用功念书？"

这种时候，即使我们苦口婆心地说"用功才可以提升成绩""这是为了你的将来好"，也是没有用的。

这些理由并不能说服孩子，因为：

第一，孩子只是在抱怨，并不是真的想知道答案。其他情况也一样，当他们抱怨为什么时，通常都只是在发泄不满。

第二，孩子虽然问"为什么"，但其实那些大道理他都懂。用功可以有好成绩，有了好成绩，就可以考上好的初中、高中、大学，甚至进入一家好公司，获得高薪，未来可选择的路也比较多——这些道理他们早就听过不下百次。只要等孩子冷静下来，他自己也能说得头头是道，根本不需要我们再费唇舌。

对乐于学习的人来说，读书学习本身就是目的，取得好成绩只是完成目的的附带价值而已。无论如何，只要记住一点，一定要让"想达到的理想"和"用功读书"产生关联。若非如此，孩子就不会把学习当成一回事，也很难踏出改变的第一步。因此，先和孩子一起设定目的。

决定好目的，接下来就是设定好连接目的的目标，即决定每次行动的目标。

1. 与其规定"不能做……"，不如说"可以做……"。

设定目标时，告诉他"可以做……"，目标的达成率将大幅提升。例如，为了达到减重目标，与其说"不要吃甜食"，不如说"想吃点心时，可以吃水果"，这样减重成功的概率会变高。再比如，与其说"不要计算错误"，不如说"在纸上写下计算过程"；与其说"不要玩游戏"，不如说"想玩游戏时，就去看书"。

2. 行动目标越具体清晰越好。

目标设定要具体，要可量化。例如"5 月模拟考达到 560 分以上"，就是一种具体、可度量的目标。一旦确定目标，孩子就会产生动力。

举例来说，"努力做数学题""注意不要看错题目意思"这类目标，既没有提出详细的做法，也无法以数据说明努力成果。这样定目标，90% 孩子的成绩都将停滞不前。所谓具体，就是让人一听就懂。"注意不要看错题目意思"这句话，如果改成"为了避免误解题目意思，在重点词句上画线"，就能让人一听就懂。"数学教材的第一单元，请加油！"这个目标也不够具体，无法量化，如果改为用数据表示，如"第一单元的问题，请写前三页"，这样就容易理解，且有操作标准，就能有效提升孩子自我管控的能力。

三、孩子总半途而废？创造即时满足

1. 孩子为何总半途而废？

孩子在读书学习上，无法坚持、容易放弃，这些都跟他在课业学习上"不相信自己做得到"有关。为什么会这样呢？主要原因有三个。

第一，累积的挫败感太多导致不自信。孩子认为"我很努力，可是我数学就是不及格"，"我经历了太多挫败，所以我不相信我可以及格"。

第二，新环境下的努力达不到预期，挫败感太强。有些孩子本来学习还不错，可是当他升到高年级或到了新的环境，发现自己怎么努力成绩都没有办法跟以前一样时，他就会产生很强的挫败感。孩子会认为"不管我怎么努力，我都比不过别人"。

第三，孩子不管如何努力，都得不到父母和老师的肯定。孩子经过努力取得不错的成绩，本以为会得到夸奖，结果父母说："你怎么没有考100分呢？"就算孩子考了满分，父母还是会说："你应该不是唯一的100分吧，你们班满分的还有谁？"反复这样，孩子只会感到失望。

2.创造即时满足，帮孩子重拾信心。

当孩子在学习上已经失去自信时，我们该怎么帮助孩子重拾信心，坚持努力下去呢？除了帮助孩子设定合理的阶段性目标，我们还可以从以下几点入手。

第一，帮助孩子见证自己的进步。不要总拿孩子的成绩跟别人家孩子做比较，更不要不断地提醒孩子说"某某比你更好"，否则，孩子会认为"我就永远不如别人啊"。我们可以引导孩子把比较的对象放到自己身上，拿现在的自己跟以前的自己比，引导他看到自己进步的轨迹。

"孩子，半年前你的数学还只能考十几分，这半年来我看到你渐渐可以考到30分、40分甚至进步到50分了，你是怎么做到的呢？"这就是引导孩子见证自己的进步并总结进步的经验。

也许孩子的成绩仍然不及格，可只要他有进步，这就值得我们去肯定。

第二，允许孩子退步。通常孩子的进步过程不会是一条直线，而是一条曲线，也就是会有进步也会有退步，但整体是在朝向目标前进的。如果我们了解这一点，就不会在孩子退步的时候去数落孩子了。

"你看你才进步没几分，就开始退步了。"
"才坚持没几天，你的成绩又掉下去了。"

如果我们总是这样说的话，孩子可能会因为我们的数落而感到挫败，最后真的就一蹶不振了。我们应该表达对孩子的正向期待，告诉孩子: "孩子，你之前已经做到了，所以我相信你下一次还可以继续做到。"
这样讲，孩子就会对自己比较有信心，也愿意再次尝试。

二 比起成绩，
孩子的努力更重要

"成绩这么差，一定是你不用功！"

"你看你考的这点分数！"

我们应该关注孩子考成这样的原因，而不是简单地进行指责和批评。孩子考出这样的成绩，是因为学习动力不足、方法不对，还是其他原因，这些都应该被考虑，以便我们帮助孩子改进。当孩子已经尽力而为，但结果仍不尽如人意时，其实孩子内心是很受挫的，他们会感到无能为力。他们会抱怨："哎，我什么都学不会，同学都比我厉害，我努力也没有用，我好想放弃啊。"这个时候，我们通常会怎么回应呢？

"不会的，要对自己有信心。"

"既然听不懂，那就多问问老师啊。"

我们这样泛泛地说会让孩子感到更加沮丧和无助。那么我们到底该怎么说、如何做呢？

一、肯定孩子做到的地方

孩子的计算题做完了，很多父母火眼金睛，第一眼就看他做错的题目。然后就盯着错题说：

"这么简单的题目都做错了，你怎么这么粗心？"
"我跟你说过多少遍了，你怎么还错啊，你要多检查几遍啊。"
"怎么错了那么多啊？这里错了，这里也错了！"

如果我们总这样去指责孩子，孩子非但不会改正，下次还是会犯类似的错误，导致反复出错。

实际上，我们应该先从孩子做对的题目入手，找出孩子值得表扬的地方，以"这里做对了"，代替"这里怎么答错了"，我们可以这样说：

父母：这道题你居然会做啊？
孩子：对啊，我想了很久。
父母：这道题这么难你居然都做对了，很厉害啊，看得出来你是经过思考的。
父母：你看这道题，你把减号看成了加号，计算错了，挺可惜的。
孩子：是啊，当时只想着赶紧做完卷子，忘记回头检查了。
父母：嗯，下次多检查几遍，就能避免这样的失误丢分了。
孩子：嗯，我要去学习了，下次我要考100分。

所以，当孩子犯错时，如果我们先给予接纳，就能软化孩子的内心。我们先不要生气指责，而应先停下来想一想孩子有没有值得赞美的地方。

我们不批评"做得不好的部分"，而是赞美"做得好的部分"，这样孩子知道自己有所成长，就能产生干劲。

如果孩子的成绩一直没有起色，我们可以说：

"宝贝，你的成绩虽然不是很好，但是我看到你一直在努力，一直没有放弃，你还愿意多做习题，想要更加进步，你是怎么做到的？"

"你是怎么做到的？"是一个万能问句。通过让孩子自己认识到自己做到的地方和做得好的地方，使孩子得到激励，从而更加努力向前。

二、肯定孩子学习的过程

"你数学拿了满分，妈妈很高兴哟。"
"你踢进球的时候，看起来好帅！"

这类只强调成果的称赞，可能导致孩子产生错误的观念："因为我的某个表现好，所以妈妈才喜欢我。如果这件事做不好，她可能就会因此讨厌我！"
事实上，让我们感到骄傲的不应是孩子的成就，而是孩子本身。

"没事，下次考好就行了。"
"继续加油！"

我们以为这样是在安慰孩子，实际上这样说话会让孩子有被否定的感觉，因为这些话听起来好像在说"这样还不够，你要更努力才行"，可孩子想的是"我已经这么努力了还没做好，我不可能更努力了"，或是"我已经很努力了，还让我努力，我该怎么办，爸妈觉得我没努力，我真的不知道怎么办了"。
所以，我们需要认同孩子的付出，激励他继续前进。所以，不如说：

"妈妈看到你最近很努力。"

"我知道你有多努力。"

当听到我们这样说时，孩子会感到安心，并因此产生新的动力。

孩子很努力，可是某个科目总是考不及格，因此变得心灰意冷，这个时候我们可以说：

"我看到，即使成绩不理想，你也依然没有放弃，你依然愿意把时间花在这个科目的学习上，这是很值得肯定的。"（肯定坚持）

"我看到你虽然很想放弃，可依然花时间把作业完成了，这是一种负责任的态度，真棒！"（肯定态度）

也就是说，不是只有好的结果才值得被肯定，其实我们并不提倡肯定结果。孩子在学习过程中展现出来的好的态度、坚持的行为等都是值得被肯定的。

请一定给孩子传递这样的信息："不管你的表现如何，爸爸妈妈都会以你为傲。"

三、帮助孩子见证自己的进步

我们除了具体指出孩子值得肯定之处外，还可以引导孩子自我观察课业学习或日常生活中的进步之处。利用提问法是最好的引导方式，例如：

"这次考试和上次考试，你观察到自己在应试技巧上有什么不同的地方了吗？"

"这学期和上学期相比，在读书学习上，你觉得自己有哪些做得更棒的地方？"

"这次成绩比上次进步了，你采用了哪些做题技巧来帮助自己？"

请扩展孩子对于"进步"的认识，不只是成绩或名次的提升，还可以包括读书时间的增加、更多主动求助的行为、学习策略的改变、面对读书学习时情绪更稳定、会自己安排时间完成功课、自我管理能力提升、对自己的学习更负责任等。

在他人的见证之下，人们会相信某些事情是真实存在的；如果见证者就是自己，那就更具有说服力了。

如果孩子抱怨说："我数学已经很努力了，可是怎么做都比不过同学，我好累啊，不想上补习班了，我觉得那没有用。"我们可以多说"越来越……"表明孩子的进步。如告诉孩子：

"我看到虽然你很挫败，可是你的考试成绩确实在进步，这次又比上一次考得更好一些了，你的成绩越来越好了呀。"

"我知道你因为比不过别人感到很挫败，可我看到你一次比一次愿意花更多时间去努力，而且你越来越会学习了，这很不容易呢。"

我们这么说就是帮助孩子见证自己的进步，让孩子知道"其实我是有在进步的"，同时通过这个方式重新定义"成功"，让孩子知道真正的成功并不一定要取得多么傲人的成绩，而是"我一直持续在进步，今天的我比昨天的我表现得更好，明天的我将比今天更突出，那就是成功"。

挫折也可以成为学习的好机会

作为父母，我们总担心外面的世界充满危险和诱惑，怕孩子太脆弱，经不起挫折和打击。其实，孩子在成长的过程中遭遇挫折是很正常的事，关键在于我们如何让挫折成为孩子成长的助力而非阻力，帮助孩子越挫越勇。

一、不要说"哪有这么严重"

以大人的标准来看，孩子眼中的"挫折"往往渺小到可笑。比方说：下棋输了、积木拼不好、考试考不好、抢玩具抢不过别人……但此时，我们的一句"哪有这么严重"会让孩子再一次受挫，他会觉得连有挫折的感受都是不对的。

我女儿一岁多的时候，曾经有一次试图自己穿长裤，试了整整40分钟都不成功，脚就是没有办法顺利地分别伸进两支裤管，最后气得大哭（大人看了忍不住想笑）。

孩子穿不好裤子，这是她的挫折。可我们不理解，认为"这有什么好哭的啊？"这反倒让孩子感到更受挫。我们眼中微小的挫折对小孩来说，都是对自己能力的否定。

渐进式地从小小的挫折中学习，才能够让孩子练出强大的挫折免疫力。

我们绝对不要对孩子说："只不过是输了一盘棋，又不会怎样……"我们说出这样云淡风轻的话，是因为我们有数十年的人生历练。可挫折是主观的，是一种个人的情感，我们要去同理和尊重孩子的心情。

所以当我看到女儿这样，就去买了一条容易穿的宽松长裤，让女儿试着穿。于是，一岁多的小孩重新建立起穿长裤的自信，也掌握了新的技能。

二、陪孩子一起分析受挫的原因

当孩子生病的时候，我们都会提醒他多穿衣服、多吃营养补品、避免吃冰的东西、好好休息等，而不会只是拍拍他的肩膀，说："你要健康一点哟！"

但是，当孩子面对挫折时，我们往往忘记用同样的态度去帮忙，如陪着孩子分析失败的原因，寻找解决的办法，陪伴孩子多多练习等。

当孩子到家后，很沮丧地说："小明不和我玩……"我们会如何回应？下面有几种回应方式，我们来对比一下。

"那你不要理小明就是了。"

"虽然小明不和你玩，但在妈妈的眼中你是最棒的，你和别人玩就好，不要理他。"

这两种响应，都错过了一次让孩子从挫折中学习的机会。恰当的做法应该是这样的。

第一步，认识察觉：跟孩子共情，试着理解孩子难过的心情，帮助他觉察和认识挫折。

"小明不和你玩，你感到很沮丧、很难过，是吗？"

第二步，分析总结：和孩子一起分析孩子被同学排斥的原因或试着讨论班上受欢迎同学身上有哪些特质值得学习。

> 父母：宝贝，你们班上有没有那种大家都愿意和他玩的同学啊？
> 孩子：嗯，好像很多人都喜欢跟小强玩。
> 父母：那你有没有想过为什么大家都愿意和小强玩呢？
> 孩子：他性格比较开朗乐观、脾气好，也不爱计较。
> 父母：嗯，这样比较受欢迎，你也愿意和这样的同学玩，对吗？
> 孩子：嗯。

第三步，转化学习：陪孩子不断练习，并使之内化为自己的能力。

> 父母：宝贝，你能看到别人身上的优点，说明你自己也有这样的潜在优势，有没有想过怎么让自己也成为这样的人，让大家都愿意和你一起玩呢？
> 孩子：嗯，我也要学着大度一点，不去跟别人计较太多。
> 父母：（竖起大拇指）嗯，这一点非常棒。

三、有时不是孩子不努力，而是力所不能及

多数城市小孩就学期间，其生命的空间和意义都只局限在教室里，很自然，成就和挫折也被框在这小小的范围里。因为成就的空间受限，受到肯定的机会也较少，相对而言挫折也就变多了。

我们能做的就是欣赏孩子不同的特质，开拓孩子生命的经验，帮助不同特质的孩子在不同的领域找到学习的意义。这时，挫折才可能变得有意义。

当孩子受困于眼前难题时，如果只鼓励他"再试试看啊！你可以做得到！"往往会忽略当前的挑战可能已经超出了孩子的能力范围，

而不是孩子不愿意努力。

当孩子受挫是因为他能力不足，无法达到目标时，我们应该让孩子想想"设置这个目标的目的是什么？"然后跟孩子一起厘清目标无法实现的原因，让孩子接受现实，并引导孩子建立合理的目标。

我们可以帮助孩子把大目标分成阶段性小目标，然后按部就班逐一努力去实现，让他在这个过程中逐渐建立成就感和自信心。当孩子明确感受到自己的进步时，他就可以获得自我认可："我知道自己做得到！我可以继续往前进了！"

四、相信孩子有自己解决问题的能力

我们包揽代办孩子全部的事情，会让孩子感到自己背后有张无形的安全网，孩子觉得"虽然父母不在，但出了事父母会替我处理好"。相反，有一些事情如果我们不参与、不包办，孩子就得学习独自一个人去面对，这样他们才会增长能力，提升信心。

就算觉得放手会痛苦，我们也要学会信任孩子。当孩子感受到自己拥有决定权时，他们就不会与父母产生权力冲突，他们会学会预料自己所做选择可能遇到的障碍，并将所遇到的挫折或错误视为学习的经验。

从幼儿时期，我们就可以开始为孩子提供"有限的选择"。

"要喝橙汁还是蓝莓汁？"
"上床睡觉时要开灯还是关灯？"

等孩子大一点时，我们可以经常和他讨论一种问题的多种解决方案，并尝试列出每种方案的优缺点及可能后果，以此引导孩子承担选择后产生的"后果"。

"你觉得有哪些可行的方法呢？"

"你愿意尝试哪种方法呢？"

"如果这个方法行不通，有没有备选方案呢？"

"你觉得这个方法最糟糕的结果是什么？你能接受吗？"

"你还可以怎么做？"

提前跟孩子讨论："当计划不如预期、方法不能奏效时，我们该如何解决？"这可以帮助孩子预测可能的挫折并为之做好准备，引导孩子把注意力放在解决问题上，而不是浪费在无能为力的抱怨中。

让成长型思维陪伴孩子一生

成长型思维是一种积极、开放和灵活的思考方式，能够帮助孩子更好地面对人生中的挑战和困难。同时，成长型思维是在不断学习、不断探索和进步的过程中逐渐习得的，因此，我们应该培养孩子的成长型思维，这将是我们送给孩子最好的礼物之一。

一、相信成长，一切皆有可能

与成长型思维相对的是固定型思维。固定型思维的人面对挫折时容易放弃，成长型思维的人遇到阻碍时能坚持不懈。例如作文一直写不好，固定型思维的人会说："我不是写作文的那块料，我写不好。"成长型思维的人会说："我要主动去学习，相信有一天我一定能够把作文写好，我要丰富作文的素材，学习作文的套路，多写多练，慢慢找到写作的感觉，这样就能迎接这份挑战了。"

看到他人成功时，固定型思维的人会说："你不就是这次数学考得比我好吗？有什么了不起的？你这次是运气好，下次就不一定了！"固定型思维的人容忍不了他人的成功，认为他人的成功对自己构成了威胁。成长型思维的人则会为他人的成功点赞，同时能从他人的成功中找出"我可以学到……"

固定型思维的人会把人等同于做事情的结果，即"我考试失败等同于我是个失败的人""我工作没做好，等同于我是个没有价值的人"。而成长型思维的人就不会把人等同于做事情的结果，他认为"即使这次语文没考好，我也很开心，因为考试让我知道哪里不足，我要查缺补漏""我的工作没做好，这刚好是我学习的机会""我只是暂时没有成功，我一直不停地努力下去，下次我就可以获得成功"。

固定型思维的人关注过去，认为万事不可改变；成长型思维的人关注未来，认为一切都是可以改变的。

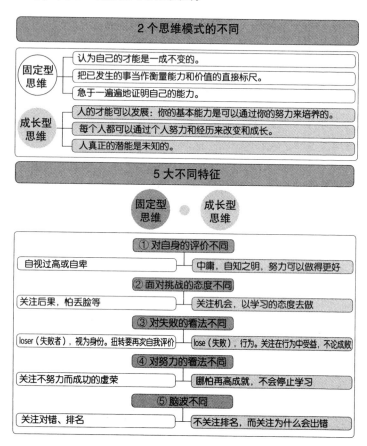

（参考《终身成长》的内容进行绘制）

如果孩子数学只考了 31 分，我们不要一直盯着孩子没做对的那 69 分，他考了 31 分，说明他还是掌握了一部分内容的，考试本就是查漏补缺，我们要看到他做到的部分，肯定这一部分，然后跟孩子一起讨论其他。

"我们一起看看，要怎么努力，才能让分数从现在的 31 分提高到 60 分？"

这就是成长型思维，聚焦于可以改变的部分。如果父母具备成长型思维，那就很容易培养出来成长型思维的孩子。

二、换种说法，换种思维

有一类父母，遇到问题就爱发火，指责孩子，认为"这是孩子的错，我要改变孩子""孩子没有遇到好老师""孩子没有独立主见""孩子性格不好""孩子没有上进心"。这类父母看到的全是孩子不好的方面。

还有一类父母，会通过学习来解决问题，"我需要和他沟通""我要先改变自己""我自己好学才能影响孩子"。这类父母会放手让孩子自己锻炼，同时提升自我修养。

前者就是固定型思维的家长，后者是成长型思维的家长，二者想法形成鲜明的对比。

大多数人都是成长型思维与固定型思维共存的。只有通过刻意练习，有意识调用成长型思维，才能让思维的天平向成长型倾斜。

改变思维，不妨先从换一种说法开始。

消极思维	积极思维
"我不擅长。"	"我能够学会的。"

"我不懂。"	"我忽略了什么？"
"我做不好。"	"我可以试试看。"
"我不可能跟他一样聪明。"	"我要向他学习。"
"我不会。"	"我现在不会做这个，但我可以通过努力学习来掌握它。"
"我是个失败的人。"	"我经历了失败，但这是值得学习的经验，我会从中吸取教训，变得更强大。"
"太难了，我做不到。"	"这个任务看起来很困难，但我可以从中学习来增强我的知识和技能。"

三、只要努力就会越来越强

我们该如何做，才能培养孩子的成长型思维？最佳的时机，就是当孩子失败时。

当孩子拿出不及格的考卷时，我们通常会脱口而出听起来像安慰实则气馁的话。

"我想你可能不是块读书的料。"
"你其实不需要每一科都很好。"
"我很担心你会毕不了业。"

这些话听起来虽然并无责备之意，但可能会给孩子带来不良影响，促成孩子局限型思维。在教育孩子的过程中，我们应该强调失败没有关系，要鼓励孩子勇敢尝试并从失败中吸取经验和教训，要增强他们的自信心，促进他们成长。

要想帮助孩子树立"只要努力就会越来越强"的信念，我们可以在日常对话中分享自己的经验、分析努力与成功之间的因果关系，在潜移默化中影响孩子的思维，这里主要有两种方式：

1. 在我们自己取得任何成就或是学到新技巧的时候，以不经意的方式跟孩子提起。

"你记得我以前一直都不会开车吗？最近我一直练习一直练习，我现在学会了！学到一项新技能真的是好开心啊！"

"两个星期前，我连一幅画都画不完整，然后我每天都练习，你看我现在居然可以画出这么复杂的画了，真的好兴奋啊！"

"我去年刚去健身的时候，平板支撑连20秒都坚持不了。你还记得吧？然后我每天练习，现在撑1分钟都很轻松了！"

2. 在孩子获得任何小成就的时候，立刻以不经意的方式提醒。

"我记得我们刚把这组积木拆封的时候，你都没办法叠这么高。经过练习，现在你竟然可以叠这么高了！"

"我记得刚开学的时候，你跳绳一分钟还跳不到100个。你一定是在学校一直练习吧，现在变得很会跳绳了呢！"

"记得初夏时我们去游泳你都还不会换气呢。然后暑假你每天坚持练习，结果你现在变得好会游了！"

这样的赞美句式屡试不爽。在赞美孩子时，提醒他之前明明都还不会，现在有了很大的提升，帮助他分析这个变化过程中的决定性因素是什么。

另外，有时从侧面角度以故意聊闲话的方式让孩子听到别人谈论自己的进步，比直接跟孩子对话的影响更深刻。比如妈妈跟爸爸闲聊：

"你记不记得那时候豆豆连脸都不敢放进水里，但他坚持每天一直练习，现在竟然可以自己游来游去了！"

孩子厌学时，
允许孩子暂时远离学习

孩子厌学的原因很多，比如觉得学习太枯燥无聊、学习太难了、压力太大、在学校有不喜欢的老师、被同学孤立等，这些都可能造成孩子厌学。在孩子出现厌学情绪的时候，我们要采取合适的方法来引导孩子，帮助孩子恢复对学习的热情，但一定要有耐心，不可操之过急。

一、给孩子安排一些自由时间

我们在工作中遇到烦心事时，还可以出去和朋友喝个咖啡放松一下，或者休个假散散心，甚至可以辞掉工作，旅行休整一阵子再回来重新找工作，可孩子累了回家看个手机都会被父母批评，如果牢骚几句"妈妈，我不想去上学了，我好累啊……"，还会被父母批评。

"干吗不去上学？你不上学还能干吗？你不上学怎么行？"

"你上学还喊累，想要什么有什么，回到家就有饭吃，不用做家务，不用干活，只要学习就行了，你有什么可累的？"

"我都没说我上班累呢，你还在这说累！"

如果孩子本身就已经厌学了，还要被迫到学校学习、回家写作业、赶场上补习班，每天除了学习还是学习，时间都被塞得满满的，没空放松心情，没空疏解情绪，那么他的压力会越来越大。此时，我们需要做一些事情，给孩子减压。

当孩子说："妈妈，我不想去上学了，我好累啊……"我们可以表达理解，跟孩子共情："是吧，宝贝，我看你最近每天都学习到晚上 10 点多，功课很多，是不是压力很大啊？"

"嗯。"当孩子感到被理解之后，压力就会得到一定程度的舒缓。我们可以继续说："那周末我们找个地方去放松一下吧，你最近学习也辛苦了，你想去哪里玩啊？"

如果孩子不想学习了，父母还强迫孩子去学，只会适得其反，父母也容易因此产生焦虑。其实如果孩子能够调整好状态，仍可以以饱满的热情重新投入学习。相反，如果父母仍硬逼着孩子学习，那只会导致更糟糕的结果。

所以如果孩子厌学了，暂时让孩子从学习中抽离出来，做一些跟学习无关的但他感兴趣的事情，未必是坏事。

二、激活孩子学习的内在动力

我们怎么看待学习这件事也会深深影响孩子对学习的态度。如果我们视读书为苦差事，那么孩子自然也不会想读书；如果我们喜欢阅读不同领域的书籍、乐于学习，孩子可能也会觉得读书是件好玩的事。

"不好好念书，以后没前途"，或是给予物质上的奖励，"你这次平均考 90 分以上，我就给你 1000 元奖金"，或是其他奖赏，如"快去学习，写完作业才能玩游戏"，这样的说法或做法都无法让孩子真正爱上学习。

很多孩子一开始读书学习是因为发自内心地感到快乐、有趣，但开始上学之后，由于感受到不断的考试、排名、与他人比较等压力，学习逐渐变成由外在动机在驱使，孩子失去了原本读书的乐趣，甚至开始厌学，不愿意上学，这真的很可惜。

奖励将孩子学习的内在动机变成了外在动机。例如，原本学习是孩子自发性的行为，因为孩子从学习本身得到了快乐，但现在因为有了奖励，孩子可能忘记他学习原本是为了快乐，如今反而如同一份工作，孩子就不再像从前那样喜欢学习了。

"只要你这次考到班级前三，你要什么礼物妈妈都给你买。"
"你只要这次考到 100 分，什么条件妈妈都答应你。"

如果我们一直以礼物、奖品作为奖赏，我们慢慢就会发现，孩子会不时地要求更换礼物或奖品，就像不时要求调整薪水似的。有些孩子甚至摆明，"我不想要这些礼物，我也不想再学习了"，因而也放弃了我们对他的要求与期待。

当孩子考得好时，我们可以肯定孩子的努力，以及他从学习中获得的乐趣（内在动机），而非成绩（外在动机）。我们可以说：

"妈妈看到你很用心地准备考试，很棒！"
"和妈妈分享一下你读到了什么觉得很有趣？"

而不是说"你这次考第一名，太棒了！"

三、让孩子理解学习的意义

有的孩子出现厌学情绪，不想去学校，是因为在不断学习的过程中，发现自己并不知道学习到底是为了什么，找不到学习的意义和价值，因而渐渐失去对学习的兴趣。那么，我们如何帮助孩子正确理解学习的意义，提起学习的兴趣呢？

1. 在生活中应用学过的知识。

很多时候，书本上学到的知识比较抽象，孩子很难真切感受所学知识的重要性。因此，想让孩子明白学习的意义，可以带孩子在生活中多应用所学知识。比如，我会带孩子去超市，让他自己购物。根据超市搞的活动，我会跟孩子说：

"今天超市有满减活动，好像你最喜欢吃的薯片也参加了活动，我们一起去看看吧，薅羊毛去。"

如果有些零食、饮料等孩子喜欢的东西参加打折满减活动，我会让孩子自己去计算如何拼单买更加划算。

2. 读万卷书行万里路。

每到寒暑假，我都会带孩子旅行，去走一走他在书本中学过的地方，孩子就会对书本知识更有感觉。俗话说"读万卷书行万里路"，旅行也可以点燃孩子读书学习的兴趣。

"你看，这和你书本里学到的是不是一样？"

"你看云南这个地方和我们深圳有什么不一样？可以说三点不同吗？"

"这边有哪些你比较喜欢的？试着说说看。"

孩子如果能把这些回答出来，就相当于写了一篇小作文了。没有孩子不喜欢玩的，在亲子旅行中这样交流，孩子也不会觉得刻意，因而不会反感。

3. 带孩子去名校名企参观。

父母经常跟孩子说"你要好好学习，努力考北大考清华……"可所谓的好大学对孩子来说只是个概念。很多时候，孩子并不知道"学习跟我之间有什么关系？为什么我要好好学习，考上好大学呀？"我们可以带着孩子走入北大、清华等名校，去了解这些大学背后的历史和故事。

经常有父母对孩子说"考上好的大学才有好的工作"，那么"好的工作"又是什么样的？孩子也不知道。父母如果有条件，不妨带孩子去参观一下名企，"听说那个公司食堂的饭菜每天都不重样，想不想去参观一下？"带孩子参观名企、看看名企的工作环境，让他知道什么叫"好工作"。父母教不了的，带孩子走出去，让世界来教他。

四、比起学习，更关心孩子的心情

"作业写完没？"
"钢琴练了吗？"
"数学考得怎么样？"
"有没有被老师骂？"

如果去掉这样的问话，你和孩子间的对话还剩多少？

有的孩子之所以厌学，是因为父母三句不离学习，除了学习之外，不知道跟孩子聊什么，因此经常成为话题终结者。父母以为这是在关心孩子，而孩子听到这样的"关心"却很心烦，甚至讨厌父母。

如果我们不想让孩子厌学，一定要在与孩子说话时，注意以下问题。

1. 不要追问个不停。

曾经有很多家长找我谈过，"不管我怎么问孩子，得到的回答就是'不知道''我忘记了'，真不知道该怎么办才好。"

父母：今天在学校里做了什么啊？
孩子：我忘了！
父母：今天有没有跟朋友好好地一起玩啊？
孩子：我不知道。

很多父母会因为提出的问题没能获得预期的回答而心生烦恼，那我们是否想过为什么孩子不回答呢？有时可能是因为孩子真的不知道应该怎么回答，并不是他们不想。就像如果有人突然问我们"今天工作得怎么样啊？"我们一般也只是给出"怎么样啊？就像平常那样啊……"这类的答案吧。

此外，也许我们提问的时刻并不是孩子想说话的时候，如果我们无法理解这一点，那与孩子的对话就会变成单方面的追问。其实，我们不必追问，可以等孩子自己说。试着依照孩子的步调来进行沟通，当孩子想说话的时候，别错过，也不要忘了表现出想要倾听的样子。

2. 尊重老师，维护老师的权威。

孩子有时厌学，或者是讨厌某门学科，是因为不喜欢教这门学科的老师，和老师的关系处不好。

孩子：我不喜欢吴老师，太不公平了，他只批评我不批评小明。

父母：哎呀，老师说你，肯定是你做错了，不然怎么会批评你呢？

孩子：我们老师教得很差，水平不行。

父母：是吧，我也觉得你们老师不行。

不管父母是替老师讲话还是和孩子一起否定老师，都可能让孩子更讨厌老师，进而更讨厌学习。我们一定要清楚家长和老师是一种合作关系。

孩子：我不喜欢吴老师，太不公平了，他只批评我不批评小明。

父母：吴老师只批评你没有批评小明，你感觉不公平是吗？

孩子：我们老师教得很差，水平不行。

父母：哦，他做了什么说了什么，让你产生这样的感觉啊？

我们这样说既表达了对孩子的理解，又能引导孩子保持理性，客观看待事情。

3. 不要因为学习的事情批评孩子。

"你看你字写成什么样子！"

"你看看你才考几分？"

要记住，如果因为学习的事情批评孩子，只会让孩子更讨厌学习。

当我们想和孩子聊学习、作业或者是考试的时候，不妨先聊些"没用的"，比如娱乐八卦、热点事件等，这样做可以帮助孩子放松心情。把孩子当成可以分享的朋友，他就会很自然地聊起自己的生活琐事和心情，慢慢学会和你分享。

试想一下，孩子放学回到家里本想先放松一下，但一打开门听到的却是：

"今天考试考多少分啊？"

"你的卷子发了吗？"

"今天作业多不多啊？"

他会是怎样的心情？家不是学校，家是港湾，我们要让孩子感受到家的归属感，感受到放松、温暖、安全。因此，我们要多关注孩子的心情，请试着说这三句话：

"宝贝，今天在学校开心吗？"（关注情绪和感受）

"宝贝，今天在学校发生啥事儿了？"（关注事件）

"宝贝，需要妈妈为你提供什么帮助吗？"（连接情感）

这样问孩子，会让孩子感觉到"妈妈是在帮助我，妈妈一直无条件地在背后支持着我，她永远是我最坚强的后盾"。

第六章

拓展认知，
让孩子干劲十足

转换思维，问题也能变资源

作为家长，我们总是不断纠正孩子的问题，但结果往往是越说问题越多，孩子也会因此变得情绪低落，自身价值感降低，认为"我真的没用！爸妈不喜欢我"，进而失去前进的动力。

在孩子的成长和发展过程中，接纳和爱孩子比纠正孩子的问题更重要。只有家长真正接纳孩子的全部，爱孩子，陪伴孩子，孩子才会真正接纳自己，喜欢上真实的自己，从而变得更加积极和自信。

一、有问题，不代表只有坏的一面

在我开展线下讲座时，只要一提到孩子的问题，家长们就会纷纷发言，无休无止地说着孩子不好的行为、不良的学习态度和各种挑战。对于自家孩子的不足，很多父母望而却步，手足无措。他们常常给孩子贴上"勤奋不足""自卑""不自律""不听话"等标签，然而，令人不解的是，很多家长却忽略了这样一个事实，即每个问题的背后都有着教育的契机。只因为孩子存在某些问题，父母便给孩子贴上"坏"的标签，结果蒙住了自己的眼睛，看不到问题背后所蕴含的教育价值。

我女儿三岁多的时候，还不太能够自主地吃饭，但我并没有急于指责她的行为，说"你给我好好坐着吃饭，不要乱动"一类的话，因为我知道这种做法可能会适得其反。相反，我会在女儿慢慢能够利落地进食时，频繁表扬她的表现，比如，说："宝贝，你吃饭的动作很熟练哟，太棒了！"而且我也会时不时地和女儿分享一些餐桌上的小技巧，例如，"我们可以像英国贵族一样优雅地享受美食，这样会更加美好和愉悦。"

通过我的耐心引导，女儿学会了餐桌礼仪。上小学后，她再也没有出现用餐行为方面的问题。

很多时候，孩子做不好或自我觉得表现不如别人时，如果我们不断强化他好的一面，发自肺腑地肯定他，更容易激发他的积极性。他会主动审视自己，努力提升，不断拓展这些优点的无限潜能。如果我们将眼光只放在孩子的问题和不足上，不断向孩子传递焦虑和担忧，那么即使是最优秀的孩子也可能会因此变得毫无自信心。

我们应该尊重孩子的"与众不同"，给他们充足的空间和自由，让他们尽情展现自己的特点、兴趣和天赋。在这个过程中，我们用期待和激励的态度帮助孩子深刻认识到"我总是在不断变好"，可以引导他们自发努力成为最好的自己。

二、换个角度看问题，结果将大不一样

有位画师画了一幅马放在路边展示，希望通过路人的指点来提升自己的画技。他让路人在画作上圈出自己认为画得不够好的部位，结果画作几乎被圈满了。画师看到这些圈圈，备受打击，感到非常失落。他之前以为自己的画技已经相当出色了，这些圈圈却给了他无限的压力和焦虑。后来他找老师求助，老师给了他一个建议，再重新画一幅同样的画，不过这一次是让路人圈出认为画得好的地方。结果画师发现，这次圈出来的地方和上次几乎一致。看到自己的画作有这么多细节被

人欣赏和认可，画师感到非常振奋，有更大的动力来提升自己的画技。

我们关注的焦点将决定我们的结果。如果我们过度关注负面因素，那么我们的结果也将偏向消极和低迷。因此，我们要适时调整自己，将注意力放在正面事物上，改变关注的焦点，结果将大有不同。

教育孩子也是如此。如果我们始终聚焦于孩子的缺点和问题，很容易就会产生孩子一无是处的错觉，认为孩子哪里都有毛病。但如果我们从问题中跳出来，用不同的视角看待孩子面临的困境，便会看到问题背后隐藏的成长机遇，这样问题便可以得到迅速解决。说到底，孩子好不好，关键在于我们当父母的如何看。我们不妨拓宽思路，灵活应对，在看到孩子"问题"的同时，多从积极面考虑：虽然孩子比较好动，但是思维活跃、反应快，总有很多点子；孩子爱顶嘴，恰恰说明他有主见，善于独立思考，敢于表达，而不会人云亦云，以后说不定会成为一个辩手；孩子脾气大，恰恰说明他很懂得释放压力；孩子胆小，但是他做事谨慎、思考周到；孩子虽然做事慢吞吞的，但是慢工出细活，他做事很有耐心，能坚持，不容易放弃；孩子做事不够专注，但孩子的好奇心十分强，常比别的孩子更有创意。

如果我们能够将视线更多地放在积极的方向上，说不定就能帮助孩子发掘更多积极的资源和机遇。

当我们换个视角看待孩子时，孩子的"问题"或许就会自动消失了。我曾经看过一本名为《世界上最恐怖的男孩》的绘本。其中的故事是这样的：

主人公爱德华是一个普通的小男孩，只是他有时喜欢踢东西、制造噪声、欺负小朋友、捉弄动物、把房间弄得很乱。于是父母总是说："爱德华，你很粗鲁。""爱德华，你是世界上最恶劣、最没有爱心、最脏乱的男孩。"

渐渐地，爱德华变得越来越粗鲁、爱吵闹、恶劣、没爱心、脏乱，终于成了人们口中"最恐怖的男孩"。

（恶语相向必有恶果。正是父母的负面评价把爱德华变成了世界上最恐怖的男孩。）

然而，有一天喜欢踢东西的爱德华踢飞了一个花盆。花盆飞过空中掉在地上，父母说："爱德华，我看见你种的花，长得很可爱，你应该多种一些植物啊！"从此爱德华喜欢上了种花，越种越好，连隔壁邻居都来请教他。

后来因为机缘巧合，爱德华又受到了父母和周围人的几次赞美。渐渐地，爱德华开始照顾小动物、关照同学、热爱劳动……成了世界上最可爱的男孩。

孩子还是那个孩子，只是父母看待孩子的眼光变了，孩子也变得越来越可爱、越来越优秀了。换个角度，居然能"换个孩子"。

三、找到问题背后的正向意图

过年期间，我到亲戚家拜访。亲戚的儿子过去活泼可爱，脸上总挂着亲切灿烂的笑容。这次见面，他却总是板着一张脸。虽然一同坐在客厅里，但鲜少主动开口，更难看到过去的笑颜。

"客人来了，有没有叫呀？"亲戚提醒道。

"有啦……"男孩确实有打招呼，只是声音比较小。

"喂！大少爷，我只是问你个话，一定要用这种语气吗？"

"我哪有？"

客人来了，别管孩子打招呼的声音是大还是小，只要嘴巴有动，就属难得；就算嘴巴没动，眼睛有看着，也是及格；再不然，愿意待在客厅，而不是躲在房里打电动，已经是很给面子了。

像这样，如果我们能跳脱当下，站在一个比较高的层次，从全局的角度来看孩子的行为，这时候，我们看到的，就不全然是坏事了。

有人或许会质疑："这不是在降低对孩子要求的标准吗？"

看似如此，事实上，我们这样做是在找寻孩子身上能被肯定的地方，并给予正向聚焦和引导。再者，我们有没有想过过去所坚持的高标准，会不会只是大人的虚荣心在作祟？

我们可以这么响应孩子："我看到你愿意与我们一起聊天，谢谢你！"不需特别夸张或做作，能让孩子感到被真诚欣赏即可。

如果孩子用不悦的口气响应，我们可以回复一句"我知道了"就行，以免事情变得更糟。而事后，可以私下找孩子谈一谈。

"刚刚客人来访时，我问你问题，你响应我的方式让我感到不受尊重，我希望你可以调整一下。"

请记得，这是在整理与安顿好自己的情绪后才说出口的，要负责任地表达自己的感受与期待。

"我知道，你不是故意要这么说的，是吗？"（停顿一下，让孩子有接收与思考的时间）然后说："也许，你觉得我问的问题让你很难堪，或者，你当时很累。这是我猜的，你可以告诉我怎么了吗？"

这是正向聚焦，以问出孩子行为背后的"正向意图"，让孩子有机会抒发自己的感受。

孩子可能会这么说："我明明有打招呼，你却不相信！"

"原来如此，谢谢你让我知道，你当时被误会了，所以感到有些生气，才会用这样的语气响应我，是吗？"

这句话是继续聚焦在行为的正向意图上，并同理孩子的情绪和感受。通常，此时孩子就会软化下来了。

"好！对不起，我没注意到你确实有打招呼，当时我也太心急了。"接着告诉孩子："下次，我希望你可以尽量用平和的语气讲话，我知道有时候这样做并不容易，但我们一起学习改进，好吗？"

此时孩子应该会愿意答应。

只要我们改变一下表述方式，孩子的问题就可能变成资源。正是因为这些大大小小的"问题"，孩子才能以他自己的姿态存在。身为父母，我们能做的是更有弹性地包容，要学会和孩子的"问题"相处，也要学习看到让影子存在的光源。

二 帮助孩子认识自己，充分发挥优势

　　每个孩子都是独一无二的，都有自己独特的性格、兴趣和天赋。在成长过程中，孩子需要不断探索和发掘自己的优点和长处，从而实现自我成长和发展。作为家长，我们的任务不仅是指导孩子获得知识和技能，更要帮助孩子认识自己，发现并充分发挥自己的优势。

一、每个孩子都是独一无二的

　　金子美铃写的《我和小鸟和铃铛》深受读者的喜爱。

　　我伸展双臂
　　也不能在天空飞翔
　　会飞的小鸟却不能像我
　　在地上快快地奔跑
　　我摇摆身体
　　也摇不出好听的声响
　　会响的铃铛却不能像我
　　会唱好多好多的歌

铃铛、小鸟还有我

我们不一样

我们都很棒

　　每个孩子的气质与个性都不相同，他们有着各自的才能与优点。如果我们总把孩子的各项表现都拿来跟他人、跟过去的我们，甚至现在的我们比较，不管对父母或是孩子，都是件痛苦的事。

　　当我们能够看到孩子的长处和进步而不是不足，能够用爱心与耐心陪着孩子朝他自己更好的样子前进时，我们会发现陪伴孩子走过这一段人生旅程是多么幸福的事。当我们接纳孩子的全部，真正无条件地去爱他们时，我们会惊觉可以参与和见证他生命的成长实在是我们的荣幸。孩子从出生到现在，如此努力地克服了那么多困难，他真的已经够好了。

　　回忆往昔，感悟现在，我们可以深刻体会孩子成长的感人之处。我们相信，每个孩子都是独一无二的，他们正在通过不断的尝试和探索，成为更好的、更自信的自己。他们正在不断成长和进步，展现着无限的潜力和生命的韵味。

　　每个家长都希望能够培养出自尊、自信、自立的孩子，但是不同的家长有不同的教育方法和策略。有些家长采用了恰当的教育方式，帮助孩子不断自信地成长；有些家长的管教方法却导致了孩子的反叛和自卑。

　　最常见的扼杀孩子自信心的方法就是告诉孩子"表现好是应该的"，从不给予孩子适当的赞扬和认可，让他们感到无论怎样努力都得不到父母的肯定和重视。很多家长认为"虽然我在心里以孩子的表现为傲，但是这绝对不能说出来，因为这样会限制他成长的空间"。这是非常不对的。在这种成长环境下，孩子可能会建立起以自我否定和自我压制为主的心态。为了得到父母的赞许和认可，他们会不断地努力和超越自己，直到变得完美无缺。可即使这样，他的内心深处仍然觉得自己不够好，因为他一直被灌输着"还要更好"的价值观念，无法从这种桎梏中解脱出来。

要让孩子在成长过程中更加自信、自在和快乐，那就不应该以伤害他们的方式来提醒和教育他们，而应该用正确的方式帮助他们发现和解决问题。另外，对孩子的优点也不要吝于肯定和赞赏，要鼓励他们继续努力，发挥自己的优点。

如果永远拿一百分的标准来看孩子被扣掉的分数，孩子永远不会有自信。唯有从零分的角度看到孩子得分的地方，孩子才会知道自己拥有哪些能力，才会相信自己。

孩子对自己的看法是影响其自信心的重要因素。从孩子懂事开始，孩子通过与周围人的交流和互动，逐渐形成对自我的认知，其中影响较大的部分来源于身边人对孩子的评价和反馈。但在孩子还不具备独立思考和判断能力的时候，他们往往无法对这些评价和反馈做出正确判断，因而往往全盘接受。因此，我们的话语会在孩子的心里留下印记，成为孩子自我认知和判断标准的一部分，这些话语可能会变成孩子自己的声音，即使长大了，即使我们不在身边，那些话语仍会在孩子心中回响，产生深远的影响。

所以，如果我们总是批评和指责孩子，孩子会很自然地认为自己是糟糕的，是无法得到他人的认可和肯定的。相反，如果我们能够发现并认可孩子的优点，并向他们传递肯定和正面反馈，孩子就会自然而然地相信自己是有价值的，并建立起自信心和自我肯定感。

二、正向看待孩子的特质

孩子的气质向度没有好坏之分，关键在于父母在不同情境下，如何从不同角度看待并应对。作为家长，我们应该从正向角度出发，描述和看待孩子的特点和优势，鼓励他们对自己产生喜爱之情，进而建立自信心和自我认同感。

家长应该习惯使用正向语言，充分肯定孩子的优点和天赋。这并不是要人为夸大孩子的优势，而是要真实地回馈孩子的表现。如果我们能够从正向的角度描述孩子的特点，孩子就会更加珍惜自己的优势，更有动力和信心去发挥自己的天赋和才能。每个孩子的特点都是他们的资产，关键在于我们是否能发掘和发挥他们的潜能。

我的女儿小雅从小相当好动。记得她上幼儿园大班时，有一次我去参加学校的家长会，老师谈到带小朋友去户外教学的情形。老师说有一次去参观美术馆，大部分的孩子都很安静守规矩，只有三个小朋友跑来跑去，静不下来。这三个人就是 A、B 和小雅。听到老师这样说，我的脸上立刻出现三条线，虽然早知道她气质好动，这是必然的结果，但仍感觉有些羞愧。

老师聊了些别的事情之后，又谈到有一次在公园进行户外教学，公园里有一座非常高大的绳索攀爬架，大部分的小朋友爬到一半就停下来了，只有 A、B 和我女儿爬到最顶端。这时，我顿时头上发光，感到莫名的骄傲。一阵高兴过后，我仔细想了想，这三个爬到最顶端的小朋友，不就是在美术馆里最不守规矩的那三个吗？

我顿悟：原来孩子的特质没有好坏，就看它被摆在什么位置。放对了位置是英雄，放错了位置是狗熊。

我们一定要时刻提醒自己，了解孩子的气质和优势，给他们适合的环境，让他们顺情适性地发展，表现轻松自然的那一面，这样孩子就会活得又自信又快乐，我们也会快乐。

三、善于发现孩子的优势

让每个孩子闪闪发光的，不是他们的劣势，而是他们各自和别人不一样的地方，这就是孩子的优势所在。那么，父母如何帮助孩子发现自己的优势呢？

1.培养孩子的自我肯定感。

身为父母，最重要的使命是培养孩子的自我肯定感。

第一，帮孩子用自己的眼光赞赏自己。引导孩子用正向、肯定的角度观察自己的生活细节，经常给自己打气加油！

"最近参加舞蹈课，不但身体健康了，还结交了新朋友，真好！"

第二，引导孩子从他人的视角赞赏自己。引导孩子站在亲人或好友的角度观察，用正向、肯定的语气给自己打气加油！

"如果是亲友知道我参加舞蹈课，他们肯定会赞赏我：你终于运动了，真好，下回我们一起去骑脚踏车！健康最值得投资了，很棒！很棒！"

很多学霸都特别擅长自我肯定："我是最棒的""我可以的""我喜欢我自己"。这样的孩子往往勇于挑战，敢于跨越障碍。

平时可以多让孩子做正面自我对话的练习，帮助孩子找到优势，提升自信。以下是正面自我对话的范例。

"_____很喜欢我呀。"

"我又在_____方面进步了呢。"

"我今天和_____玩得很开心。"

"今天我把_____做得很好。"

"哇，今天我很认真做_____了。"

"今天我又学到了_____。"

"我和_____一起把积木城堡盖起来咯。"

"我今天帮助了_____，我可真棒！"

2. 和孩子一起列出优势清单。

孩子擅长哪方面，或者因做过哪些事情而得到称赞？我们不妨利用亲子时光，和孩子一起把他的优势写在纸上，内容不限。

"好像有一次……"
"好像发生过这样的一件事，那个时候……"

通过这样的方式，总能帮孩子找到一两个优势，这样孩子就能更积极地看待自己。我们还可以用这种方法来帮助孩子拓展自身的资源。如问问孩子："你还可以发现自己的哪些优势？"

可以用贴纸或者自制手工奖牌（如下图）的方式给孩子"颁奖"，让他知道自己真的很不错。看到满满的"奖状墙"，孩子会特别有成就感，觉得自己很厉害。

四、引导孩子强化优势

如果我们希望孩子更优秀，学习成绩有所提升，那么我们在引导孩子学习时，就要发挥他的优势，以优势带动劣势，促进孩子更好地成长。做到这一点并不容易，因为我们总是习惯性地带着"劣势思维"看待孩子。

发现和挖掘孩子的优势之后，接下来我们就要强化并发挥孩子的优势，让优势有用武之地。

当孩子自觉有了优势之后，就会拥有更积极的心态，做事就会充满动力，这样效果也大不同。

豆豆放学回家，把成绩单递给了妈妈。

妈妈：你语文95，数学怎么才考85？怎么搞的！

豆豆哑口无言，很是苦恼。

我们常常认为，一旦孩子有弱科，就应该强化弱科，这样才能提高成绩。但实际上这种方法并不一定能达到预期的效果。

我们强行要求孩子把大部分精力放在弱科上，如果弱科没有进步，孩子就会质疑自己的能力，就可能失去自信，结果可能连对自己原本的优势学科也逐渐失去信心。

因此，想让孩子提高弱科成绩，首先要强化优势，让孩子充分发挥强科优势，增强自信。

妈妈：你语文都可以考95，说明学习对你来说不是一件难事，我们一起想想怎么攻克其他学科。

强科考得好，孩子就会更有信心，也就能更积极地投入到其他科目的学习中去，从而慢慢地提高弱科的成绩。

豆豆：数学对我来说好像太难了。

妈妈：我们一步步来，我们一个单元一个单元地逐个攻破。

这就是第二步，聚焦单元。先把一个单元的内容搞清楚，然后开始做题，在大量做题的过程中不断复习和强化对公式和原理的理解，找到打通此单元的秘诀，然后再学习下个单元。

最后，优势复制。一个单元学好了，可以将本单元较好的学习方法复制到其他单元去，把一个学科学好后，再将其中较好的学习方法总结出来，运用到其他学科的学习中，逐一攻克其他学科。

引导孩子从失败中汲取教训

当孩子处在失败的境遇时，我们应引导孩子走出负面情绪，把关注的焦点放在"可以从这一次的失败中学到什么，下一次该怎么做"。

一、相信孩子可以从失败中成长

我女儿10岁时，我对"正确的失败方式"有了新的体会。当时为了让女儿有独立的生活能力，我开始教孩子做菜。一开始，每当我在女儿做菜做到一半离开时，女儿总会烧焦东西；在女儿不太会用刀的时候，我会帮她把食材切好，结果过了很长一段时间，女儿都没学会用刀。由此，我发现要给予女儿一定的指导，但不能过度参与。

有时女儿把厨房搞得乱得要命时，我会忍不住接手，女儿就会不开心地离开厨房。于是，我和女儿探讨，"你做菜的时候，希望妈妈做些什么来支持你，但又不会影响到你？"女儿想了想回答："我如果有问题问你的时候你能及时回答我就好，你不用插手替我做。"于是我们达成一致：在女儿做饭的时候，我会做其他事情，不会盯着她，更不会接手，就算女儿做得再难吃，我也会陪她吞下去。

渐渐地，女儿学会了独立做饭。在这个过程中，我也领悟到了一些教育启示。

让孩子承担失败的后果，但这个后果必须是孩子能够承担的，不能过于严重，以致令他们丧失尝试的勇气。承受小失败，能让孩子学会探究，并提升自我纠错的能力。

我们应该相信孩子能从失败中成长。与孩子携手共度失败的时光，给他以支持、鼓励和引导，帮助他从失败和挫折中学习，并不断成长和进步。作为父母，我们应该与孩子一起，共同面对失败和困难，帮助他们摆脱消极情绪和情感困境，让他们在成长过程中变得更加自信、坚韧。

当孩子遭遇失败时，我们可以通过提问的方式，引导孩子自我反思，激励他们再次尝试，探索新的方法和策略，帮助他们获得更好的成果。如，我们可以问孩子此次失败的原因是什么，如何避免再次失败，还可以问他们希望获得的成果是什么，如何离想要的成果更近，以便在下一次尝试中有重点地精进技能和能力。

在学习方面，我们也可以采用同样的策略，引导孩子承担后果和纠正错误，并通过反思和总结，提高自己的学习效率。

二、引导孩子正确面对失败

妈妈：这次是我赢啦！
孩子：哪有这样的？再来一局！

有些孩子不仅好胜心强，而且个性刚强，不懂得灵活变通，一旦遭遇失败，就会难以接受，认为自尊心受到伤害。他们可能会情绪爆发，愤怒大吼或大声痛哭。但这些反应并不意味着他们缺乏自控力或意志力不强，这只是他们表现当下情感的方式。在这种情况下，父母责备孩子或呈现其他负面反应，只会在孩子的伤口上撒盐，进一步增加孩子的情感压力，激化亲子矛盾。

"为了那么一点小事哭，真的很丢脸，不可以哭！"

妈妈的这番话，无情地践踏了孩子的自尊，忽视了孩子喜欢竞争、好胜心强的个性。对于好胜心无法获得满足、灰心丧志的孩子，我们不能用负面的话语对孩子进行二次伤害，而应引导他正确面对失败。

第一步，通过换位思考，去体察、理解孩子的情感。

对于在比赛中失利后感到内心受伤的孩子，父母应该给予他们充足的情感支持和理解。如果孩子需要哭泣和宣泄，请给他们足够的时间和空间，做好一个倾听和理解的陪伴者就可以了。

"我知道你很想赢。因为想好好表现，所以才更伤心吧？"

像这样认同孩子的好胜心，理解并安抚他们的情绪即可。当孩子感受到自己被理解时，将会加倍努力以报答父母无条件的信任和支持。

第二步，鼓励孩子正确面对失败。

同理并安抚好孩子的情绪，父母可以向孩子提出建议，帮助他们找到失败的原因，然后一起讨论有效的解决方案，这将是对孩子最好的支持。

"虽然对方实力很强，但是你的表现也很不赖。只要调整一下姿势和动作，下一次的赢家就是你了。"

这样说，孩子会主动分析自己失败的原因，明确今后努力的方向，努力让自己在下一次比赛中赢得胜利。

或者不妨用这番话鼓励孩子："虽然输了比赛，但过程中还是有许多值得学习的地方。"

我们应该向孩子灌输的竞赛理念是，胜负并不总是如我们所愿，只有从失败中站起来，我们才能获得更大的成长和进步。

我们应该告诉孩子"失败才能让人更珍惜成功的滋味""每一场竞争都有输有赢"，帮助孩子树立正确的竞争观和胜败观。

第三步，帮助孩子从失败中汲取力量。

若能妥善引导孩子的好胜心，可有效提高其挑战欲与成就感。但如何将这股强大的心理能量带向正确的方向，父母的作用非常关键。

大多数父母都害怕孩子失败和受伤，但孩子需要从失败中学习成长，这需要两个前提条件。

第一，失败的人要从这次失败中学到教训，并且从中找到再试一次的动机。

第二，失败的人要明白失败不会永久地关上机会的大门，自己仍有机会再试一次、再试一次。

我们可以对孩子说："失败没什么不好，至少证明这个方法无效，我们离成功又近了一步。"

三、不要说"没关系，再努力就好"

"没关系，再努力就好。"

我们以为这样说是安慰孩子，却可能让孩子感到不知所措。对于一个已经很努力却失败了的孩子来说，听到这句话，他并不会觉得松了一口气，反而觉得自己很差劲。因为孩子听到了一个矛盾的信息："究竟是没关系，还是要再努力？可是我已经很努力，没有办法再更努力了。那么，是不是就有关系了？"

竞赛失利，孩子体验到的是一种努力想要达成目标，却仍然没有实现的挫败感。"尽管我这么努力，却还是失败了！"这样的情况真的让人沮丧。孩子不禁会想"是不是我不够好？是不是我太笨了？"

有些父母可能认为，这时只需要鼓励孩子，帮助孩子克服挫折和失败的感觉就可以了。但实际上，他们并没有真正接受孩子的失败，也没有体会到孩子失败后的挫败感。

"没关系"更像是父母对自己说的话，意思是："孩子表现不好，没有关系，我只要再鼓励一下他，他就会成功了。"而孩子很敏感，所以当家长对孩子说"没关系"的时候，孩子会感到自己的失败行为没有被接受，因而会陷入沮丧和恐慌之中。孩子害怕面对失败，是因为他们觉得如果自己失败了，那么他们的父母就不会爱他们了。这样的想法会让孩子感到害怕、无助和无力。

可见，孩子在面对失败时，需要的并不是我们对他们的简单鼓励，更多的是要我们真正地感同身受并表达理解、支持以及爱意。我们应当及时聆听孩子的心声，倾听他们的想法和感受，并真诚地为他们感到难过和心疼。

有个妈妈对我说，女儿考试考砸了，她对女儿说："没考好没关系，你考不上高中都没事，不要有压力。"结果女儿竟不理她了，她还觉得莫名其妙。妈妈以为这样说是在安慰孩子，而孩子想的却是"怎么能没关系？我这么努力就是为了将来考个好高中，考个好大学啊"。

当孩子失败了，我们不用急着安抚他，有时我们太快去安抚，反而会让孩子产生被否定的感觉。我们要让孩子有机会去感受这些挫折，当孩子在体验这些挫折时，我们只需在一旁陪伴他，不让他独自承受这些痛苦，也不需要任何评论，只有这样他才有机会从这次挫折的经验中获得思考和成长。

同时，作为父母，当我们面对孩子的失败时，我们要学会分辨"孩子的失败并不是我们的失败"，这样，我们才能以更加真实、坦诚和理性的态度面对孩子的挫败，给予他们正确的引导和支持。

最适合孩子的、最好的安慰，应该是由心而发、真诚而温暖的话语："虽然没有达到目标，但我知道你已经很努力了！不要放弃信心，继续前进！"父母要借助亲密、信任、接纳、理解、支持的方式，帮助孩子进一步挖掘和发挥自己的潜力，不断提升自己的能力和素质。

最重要的一点，我们要让孩子知道：失败并不可怕，只要勇敢面对失败和困境，保持积极、乐观、向上的精神状态，只要坚持不懈朝着目标不断前进，就一定会取得成功。

注重过程，强化孩子的履约能力

做约定和定协议也是家庭教养的一种重要手段。履约则是大多数父母非常坚持、在意的教养原则。我们以此原则要求孩子的同时，也应以此要求自己，做到言行一致。如果父母无法履行承诺，就无法要求孩子做到，孩子也会因此失去对父母的信任和尊重，这将严重影响家庭和谐和孩子的成长。

强化孩子的履约能力，首先要教育孩子慎重做下承诺，如果他们无法做到承诺之事，就要承受约定好的后果或惩罚。告诉孩子，一旦跟别人立约，就要努力做到。可以寻求父母的帮助，将约定的目标分解，然后一步一步努力向前，父母在这一过程中，以正面期望和明确规则引导孩子努力实现约定。

通过这样的方式，孩子能够认识到没有言出必行的后果，认识到自己所应承担起的责任和义务，从而培养他们的责任感。

一、鼓励孩子尝试，但要承担失败的责任

有一次我带女儿去冒险岛玩，听到旁边一位妈妈正跟一个三四岁的小女孩对话。

"不是你要来的吗？我都给你交钱了，你又不玩了。你这样下次不带你出来玩啦。"小女孩很委屈的样子。

妈妈改变语气试图哄孩子尝试，"很好玩啊，你看那里好多哥哥姐姐在玩，你要不要脱鞋子下去玩玩看？"小女孩摇摇头。

"妈妈也好想玩，你要不要跟妈妈一起去？"小女孩望了妈妈一眼，撇开头。

"又没有什么，你看大家都在很开心地玩，你看那个小孩子比你还小也在玩。"小女孩头一撇，满脸不悦，仍旧不出声。

"快一点，都交钱了你还不去……"小女孩干脆用手捂住耳朵，连听都不听。

"好不容易才到这里，钱也交了，不玩我们等一下回家就没的玩啦！"

最后，妈妈还是带着小女孩无奈离开了。

我们都曾是小孩子，我至今仍常想起儿时学骑脚踏车时害怕跌倒的恐惧、学游泳时担心换气时呛水的不适。千万不要用过来人的经验和标准对孩子说："做起来有那么难吗？"

当看着孩子接触、学习新事物时，我们常常会忘记自己曾经于各种"新手"阶段所体验的心情。为了鼓励孩子、增加他的自信心，我们会采用一些简单策略，却忘记告诉孩子挫折和失败常常存在，需要通过不断练习来克服。

所以，在鼓励孩子尝试探索和自主选择前，我们必须清楚孩子是否有承担这些选择和决定的能力和素质。我们要培养孩子承担自己选择和尝试结果的意识和能力，让他们逐渐具备独立面对各种挑战和困难的心理和能力。

二、当孩子因为能力不够做不到时

有时候孩子无法实现约定，可能是因为他们的能力还不够，还需要更多的帮助和指导。父母可以帮忙提升他们的能力，帮助孩子们解决问题，让他们更容易履行自己的约定。

在许多亲子冲突问题上，我们被孩子气到的原因，就是他们总是表现出一种"我自己就可以，你不用管我"的态度。但实际情况是孩子事情做不好，受挫时又跑来找我们。于是快要抓狂的我们脱口而出："你不是很行吗？不是要我不要管你吗？那你现在又来找我干什么？"

父母这样的行为对孩子而言是致命伤。当他们想寻求帮助时，却被无情地推开，这会让孩子产生一种强烈的感觉，觉得自己犯错是完全不被允许的，而且一旦需要大人的援助，自己总是会被拒绝。

有些孩子跟父母吵过后还是会去找父母，因为孩子冷静下来后会明白父母的用心并与父母重新建立联系。这种修复过程对于家庭关系来说非常重要。所以，当孩子在矛盾中纠结发飙时，我们最好保持冷静，不要被情绪控制，等待孩子情绪平复。

当孩子冷静之后，我们可以一起做一些孩子喜欢的事情，然后不带任何主观态度地与他们聊天，让他们感受到自己对他们的认可，以重新建立信任感。只有父母展现出足够的信任，孩子才会愿意打开心门倾听父母的意见。

想要让孩子履行约定，关键在于激发孩子的能力感！这里有个很好的工具——"5分钟起步法"。

比如，孩子不喜欢运动，一下子做到每天运动30分钟很难。你可以给他设定一个"5分钟"起步时间，让他从走出家门开始，先步行5分钟，这样他心中会自我暗示"我只需要坚持5分钟就行了"。往往在这5分钟之内，孩子的运动感会被激活，当他发现继续做下去其实没有那么难时，那他就可以坚持更长时间了。就这样，孩子们在小步的成功中不断积累能力感，加上父母的鼓励，便能坚持一步步向前！

三、分解目标，逐步完成

希望孩子履行约定，我们需要把更多的注意力放在履约的"过程"中，而不是只在履约的"结果"上。

对孩子而言，履约是一种练习，尽可能通过这个练习来培养孩子与人议事和订约的能力以及履约过程中正确的态度。当我们与孩子达成协议时，双方的心态是截然不同的：我们希望培养孩子一生的品德，而他们可能只是为了满足眼前的冲动。除了一再强调诚信、忍耐、节制等美德外，我们是否注意到孩子的其他状态？

父母当然可以因为孩子无法履约而让他承担后果，但孩子很难产生跟我们相同的理解：他不知道自己做的事与约定有多大差距。因此，随着孩子的成长，我们需要弹性地调整与他们的约定，并考虑他们能够承担的后果。

通常，履行一项约定需要综合非常多的能力。我们可以选择像个教官，要求孩子"在我们面前"一板一眼地独立完成任务；也可以选择像个参谋，和他们一起构思、策划，一起运用孩子所知、所学、所信，做出适当的判断。因为只有陪着孩子不断练习，他们才会发展出属于自己的能力。

四、建立明确的期望和规则

与孩子一起建立明确的期望和规则，让他们明白履行自己的约定是需要付出努力和行动的。具体步骤可以参照以下几点：

第一步，说清楚，讲明白。

指正孩子行为时，我们应使用正面而明确的语言。与其说"这里怎么一团乱"，不如直接说"请你先把积木放回箱子里"。比起"不要大声尖叫"等负面语词，"嘘！小声说话"这样的正面语词，更能让孩子明了。

和孩子说话时，除了要留意说话的内容，讲究说话的方式也很重要。如果我们大吼大叫，孩子只会注意到："啊哈，爸妈已经失控了！"越是重要的事，越要用平静、坚定的语调说。只有先控制好自己的情绪，孩子才会认真看待你要求的事。

注视孩子的目光，实现一定的肢体接触，这样说出的话更有分量。例如，蹲下来并平视孩子的眼睛、走到孩子身边再开口讲话，或者轻轻搭着孩子的肩膀等，这些都有加分效果。

第二步，提醒违规，屡犯必罚。

孩子最能从后果中吸取教训，但是后果必须明确、合理、可行。"不当行为"与后果之间最好有直接的关联，让孩子的选择决定他应当承担的后果。例如：不肯把玩具收好，他就得接受"玩具被收进箱子，没收一个星期"的后果，而非"取消饭后点心"。要让孩子知道，拥有玩具是一种"权利"，和这个权利相伴随的"责任"是照顾好玩具。如果缺乏责任，就会丧失权利。

孩子违反规矩时，可以通过提问来提醒，如"规矩是怎么说的？""接下来会发生什么事？""你确定要让这个后果发生吗？"让孩子了解当前的两种选择，即"遵守规矩"或"承担后果"。

如果孩子仍为所欲为，就立即执行约定的后果。这时父母要立即行动，言简意赅，不要做太多评论。高高在上的态度和多余的评语，像"我早就告诉你别这么做"这种话，只会造成亲子对抗，反而会失去孩子的信任。

有时也可以换个角度，跟孩子强调我们希望的行为将产生的正面效果。例如，"如果你现在动作快一点，还可以准时到校。""如果你玩游戏时平心静气，我们就可以把游戏玩完。"

第三步，改造计划。

如果孩子在行为上的转变仍不尽如人意，请试着和孩子一起制订出行为改造计划，并且邀孩子参与其中。孩子贡献的点子和建议越多，就越愿意执行。

请先锁定要改造的态度或行为，将不希望发生的情形记录下来。

以作业战争为例：孩子需要多长时间写作业？孩子和妈妈为了作业发生争执的情形有多频繁？争执有多激烈？

然后和孩子坐下来，冷静讨论。先问孩子的想法，再告诉孩子我们的想法和我们的分析。然后问孩子是否想要改变现状，以及我们的建议。以"作业战争"为例，你可以这样说：

"以前我总是陪着你做作业，但没多久就会因为作业吵起来。我希望以后你能独立完成作业，以免我们继续因为作业吵架。"

问孩子是否有改进的建议，一起制订"改造计划"规范彼此。

"如果其中一人不遵守约定，后果会如何？"
"如果拖拖拉拉写太久，后果会如何？"
"如果你开始骂人或乱吼，后果会如何？"
"如果妈妈开始骂人或乱吼，后果又会如何？"

以合作取代对抗，会让孩子学习规矩的过程变得容易些：清楚写下我们和孩子在哪些方面有不一样的做法，并标明后果。两人都签名并保证会遵守约定，并把这张约定书贴在家中显眼处。

重点是每天做好记录，如果当天表现良好，就粘彩纸做记号，然后定期用奖励增强孩子的动力。就这样持续观察，耐心等待。改变孩子需要时间，只有坚持足够长的时间成效才会呈现。在看到转变之前，不要轻言放弃。

这样立规矩，
孩子更容易管好手机

　　现代父母又面临一个新的难题，那就是如何控制孩子玩手机的时间。孩子们总是能找出各种借口说服父母让他们用手机，然后沉迷其中，甚至影响了他们的学习。这时，许多父母会很生气，有的父母还会怒吼，甚至惩罚孩子，但往往成效甚微，反倒可能激起孩子的逆反心理，加剧孩子的行为。如果孩子因为沉迷手机而影响学习时，我们可以先跟孩子聊一聊，讨论如何既能用好手机又不影响学习。当然，我们需要掌握一些方法，才能与孩子有效沟通。

　　现代社会，人们生活已经离不开网络和手机。为了让孩子更好地学习，我们不应该完全禁止他们使用手机。相反，我们应该教会他们如何善用手机、如何管理自己的手机使用时间，这样他们才能更好地融入社会，与同学有共同话题，同时也能拥有一个健康的生活方式。

　　首先，作为父母，我们自己必须以身作则，这是一个重要的前提。孩子对这个世界的理解都与我们对他们的示范有关。如果我们每天二十四小时手机不离手，闲暇周末时光不出游、不与人互动、不好好投入生活，或是边做事边玩手机，那么孩子也很容易有样学样，二十四小时紧盯手机，而且我们即使看不惯孩子这样，也很难有立场限制孩子使用手机。

其次，我们在给孩子使用手机时，应该同时执行管理权限。在具体执行管理权限时，我们要遵循以下几个步骤。

一、事先与孩子达成共识并拟定规范

让孩子先完成他必须完成的任务，比如写作业、户外运动三十分钟等，之后再准予使用手机作为调剂或奖赏，就像糖果、饼干或是玩具、游戏等所扮演的角色一样；同时要限定手机的使用时间及内容限制，如规定手机使用时间每次不超过十分钟，每天不超这三十分钟；观看内容必须与学习相关等。

可以这样跟孩子沟通：

"豆豆，手机是妈妈买的，所以这部手机的所有权是归妈妈的，因为你需要使用手机学习和交作业，所以你可以使用这部手机，但是如果你违反了咱们使用手机的约定，我有权把手机收回。"

"嗯。"

"我们一起来讨论下使用手机的规则吧。如何让你既能玩好手机，同时学习成绩又好呢？你希望平时和周末都玩手机还是平时不玩周末可以加倍玩呢？"

有的孩子会说："我想每天都玩。"

（此时，尊重孩子的决定。）"好，那我们再来商量一下玩手机的时间。考虑到你现在的年纪，也是出于保护你眼睛的需要，我觉得你每天只能看20分钟手机，你觉得可以吧？"

（此时，孩子可能会觉得时间太少，会跟父母讨价还价。）"20分钟太短了，不够。"

"那你觉得要多长时间呢？"

"一个小时。"

最后跟孩子一起确定一个双方都认可的时间。

二、温柔而坚定地跟进执行

相信父母们都有体会，在实际执行时，我们将面临重重困难，毕竟时间一到就主动关掉手机的孩子屈指可数。所以我们必须注意时间，顶多让孩子在未完成手机任务时再延长一些时间（比如正在玩一些小游戏而该局尚未结束等），毕竟我们大人也不愿意喜欢的事情被打断。这个延时也必须有限制，且不能过长。否则，孩子会认为父母与他们达成的协定没有约束力，可以不遵守。

可以在约定时间之前，提前 5 到 10 分钟提醒孩子。

"还有 5 分钟就到时间了哟。"

时间到了的时候，再说一句：

"时间到了，是你来关还是我来关？"

这个时候，大多数孩子都会不情愿交出去手机，还可能会说："我还没玩够呢。"

孩子的手机被收回，情绪难免会有起伏，也许闷闷不乐，也许大哭大闹，这是刚设置手机使用权限时极有可能发生的事情。无须惊慌烦躁，也千万不要因此就解除对孩子的限制。

这里面涉及一个难题，那就是我们往往难以控制自己的情绪，如面对孩子的挑战，发脾气说：

"你怎么说话不算话呢？你答应了的，只玩三十分钟的，已经给你玩了，你还想怎样？"

"你再这样，下次就不许玩了！"

这样不仅可能陷入亲子冲突，也不利于规则的坚持，导致规则执行起来更加困难。

还有的父母在孩子的"死缠烂打"下妥协了，继续给孩子加时。如果这样做，我们就彻底在孩子心里失掉了威信，以后再给孩子订立其他规则，孩子也不会遵守了，因为他知道"规则在妈妈那里是可以打破的"。

所以，我们要好好控制住自己的情绪，温柔而坚定地坚持协议。

"我知道手机被收走你很不开心，但你应该记得这是我们一开始就约定好的，你也知道手机使用太久对眼睛不好，对不对？我陪你出去打会儿球好吗？"

不管孩子如何"纠缠"，都重复这句话，每一次都做到温柔而坚定，一段时间之后，孩子知道没有回旋余地时，便不会再探测大人的底线。虽然之后他偶尔还是会想再测试看看，这时父母也一样坚持预先的约定就可以了。

三、及时鼓励，种下自律的种子

当孩子把手机递交上来之后，一定要立刻鼓励孩子。

"宝贝，你真是太棒了，能够这么好地遵守我们的约定，及时归还手机。"

"虽然手机很吸引人，但是你能够控制自己并交还手机，这说明你很有自制力，真是棒极了！妈妈为你加油！"

作为父母，我们应该及时鼓励孩子的良好表现，以此强化他们好的行为，这样他们会更乐意重复这些行为。这种方法不仅可以帮助孩子种下自律的种子，而且可以增强他们的自我肯定感，认为自己是一个"自律的人"。如此，在日常生活中，他们就更愿意表现自律，如有限制地玩手机或做其他事情。

如果我们能够身体力行地有限制地使用手机，并帮助孩子确立手机使用规范，那么孩子合理使用手机，不沉迷、不滥用就不再是难题。

保护孩子的梦想，
激发孩子的深层动力

　　父母支持和鼓励孩子的梦想，对孩子的成长具有非常重要的意义。孩子的梦想或许不现实，或许会发生改变，但是父母给予他们积极的回应，不仅可以帮助孩子培养积极乐观的心态，还有助于他们发现自己的天赋和兴趣。

　　如果我们问孩子"你以后想做什么？你的梦想是什么？"你是希望孩子回答说"不知道"，还是希望他神采飞扬地描绘自己的梦想呢？

一、有梦想，才有强大的学习动力

　　近年来，我们发现越来越多的孩子缺乏斗志，整天一副垂头丧气、缺乏活力的样子。一些父母看到孩子这副无精打采的模样就会忍不住批评，希望孩子们能够燃起斗志。但仅用批评的方式来刺激孩子打起精神，很多时候效果并不会理想。与其这样，我们不妨和孩子一起聊聊他们的梦想，引导孩子思考，让他们设想自己未来想要成为怎样的人，然后一步步思考实现这些梦想需要做些什么，让孩子明白学习是实现梦想的前提和基础，而不仅仅是为了应付当前的考试。关于梦想的话题能有效激发孩子的内在动力，让他们变得更加积极向上。

找机会问孩子："在所有名人中，你羡慕谁，欣赏对方哪里？想跟对方一样吗？""有没有想过将来做什么，过什么样的生活？"

当孩子的梦想和我们的期待不相符时，千万不要批评他或试图说服他改变。当这样的话一出口，很多孩子就会封口，不再告诉我们他的想法。当孩子只能偷偷地做他想做的事情时，这往往就是他说谎之路的开始。如果孩子没有梦想，我们可以鼓励他从生活中发掘自己的喜好，并将之发展"壮大"成自己的梦想。

妈妈了解到毛毛想当消防队员，就问毛毛为什么。

毛毛：我要救人。

妈妈：你当消防队员是为了救人吗？这真的是个非常伟大而且充满挑战的梦想，妈妈很欣赏你的这个梦想。不过想要实现这个梦想，你就要认真读书，消防员的功课都很好的。作为一名消防员，他们需要冲进火场，去救助被困的人，需要在很短的时间内到达现场，并且需要经常进行跑步、攀岩、翻越、跳跃等训练，所以体魄要非常棒！此外，他们还需要掌握一定的消防知识和专业知识，要有敏锐的洞察力，能够快速分析状况，并对突发情况要迅速做出反应，做好心理准备，因为一旦出现问题可能会带来灾难性的后果。所以，要想成为一名优秀的消防员可不简单哟。

毛毛：嗯，好，我知道。

我们要趁孩子有这种想法时，鼓励他好好读书、培养好人格、锻炼好体魄，让他知道实现这个目标需要各方面都做到最好。孩子听完后被激励了，就会有个想法出现："我要好好学习，我要各方面都做到最好，因为我要成为消防员。"

从三岁开始引导孩子多尝试角色扮演。可以带他去参加一些职业体验活动，这样会很有趣。在这个过程中，孩子们可以逐渐了解不同职业的基本知识，体验到"咦！原来我也可以成为一名消防员"的感觉。

通过体验活动，他们可以更好地了解成年人的工作和生活，从而拓宽自己的视野，拥有更多梦想的选择。我们也可以用各种方式去鼓励孩子，如跟他说："如果你真的很想做这个工作，那么你要多读书，你要认真地了解火是怎么来，要知道怎么去消灭各种不同的火。"

二、不要破坏孩子的积极性

孩子：我想学打篮球。

妈妈：学什么打篮球，你没这方面的天分，纯粹是浪费钱，还是学编程比较好。

当我们不能理解和支持孩子的想法、梦想和兴趣时，孩子会觉得自己的努力和兴趣没有被认可和支持，会因此而垂头丧气。

孩子：我以后想做个画家。

爸爸：净整些没用的，画画能当饭吃吗？顶多只能算个兴趣爱好啊。

妈妈：你看看有几个画家能出名的，有几个真的能赚到钱的？都穷得叮当响。

当孩子沉浸于自己梦想的时候，不要否定或阻止孩子。很多父母觉得孩子的很多梦想都是"无用"的，于是阻止孩子追求梦想，他们对孩子说"赶紧看书去""赶紧写作业去"，可这样不但不会提升孩子的能力，反而会打击孩子追求梦想的激情，伤害孩子的自尊心。

孩子：我以后想做个运动员。

妈妈：你不行，你没这个天赋，咱们家就没出过运动员，你就别想了。（打击）

类似这样的话很有可能会影响孩子学习的热情。即使原本孩子有这方面的潜力，也会因此被父母打击而信心全无，失去动力。

　　虽然有时孩子只是信口开河，但如果我们能保护孩子的梦想，也可以提升孩子的能力，开发孩子的潜能。即使在我们看来，孩子的梦想太大、太远，根本无法实现，我们仍要肯定孩子，引导孩子好好学习。

　　当孩子说自己长大以后想做个艺术家，我们只需要说：

　　"好！那就以此作为目标吧！你美感很强，说不定将来可以成为一位优秀的艺术家呢！趁现在多创作一些作品，等你出名了，就会很值钱了。"

　　听到父母的鼓励，孩子会更有干劲。

　　也有孩子说："我没什么梦想，我不知道将来要干什么。"作为家长，我们不要因此失望，认为孩子没有野心。孩子的梦想，是从生活当中慢慢孕育出来的，请耐心地守护孩子。不过，梦想越是明确，孩子也会越强大，因为梦想能够培养出即使在逆境中也能为了目标而努力的孩子，所以，不妨利用亲子间的谈话来帮助孩子，让他对寻找梦想这件事感兴趣吧。

　　如果孩子有努力在做某些事情的话，我们可以这样积极地鼓励他：

　　"你的图画得不错呀。"
　　"你弹的钢琴音色很美哟。"
　　"你跑得好快，你的运动神经真好，以后要当足球选手吗？"
　　"你做的饼干好好吃。"

　　当孩子听到这样鼓励的话时，他会觉得"可能我真的很擅长这个呢"。这样的话能够给孩子带来自信心和成长动力，让他们勇于尝试。

　　平时，我们不妨和孩子聊聊工作上的事情，孩子对于父母工作上的事还是很有兴趣的。跟孩子分享一些成功的经历，孩子会对未来有更多的憧憬和动力；让孩子觉得自己的父母很了不起，这会激发他们追逐梦想的动力，让他们也想成为像父母一样的英雄。

同样，让孩子听一些失败的经历也是不错的，这能引发他们思考："原来爸爸也会陷入困境啊！我也要像爸爸一样遇到困难也不放弃努力。"听我们讲述工作上的事情，孩子会度过一段难以忘怀的时光，就像我们小时候听父母讲故事。

三、深入聆听孩子

曾经有一个男孩告诉我，他的梦想是成为一名伟大的设计师，设计一套高科技的城市环保系统，让每个人都能在这座城市中安居乐业。当他跟我分享他的设计细节和想法时，我完全被他的热情所感染，整整听了两个小时，他的双眼闪闪发光，我也不自觉地跟着他的激动讲述而兴奋。

可他的父母听到后的第一反应是"吹牛""书都没有读好，做什么设计师？"

孩子被泼了冷水，马上就没精打采了。

很多父母只听到孩子讲话的字面意思，就急于对孩子做出评判并提供建议。这种倾听只属于第一层次的聆听，即只**听表面意思，无法真正理解孩子的内心想法**。

当孩子说"作业好多啊"，此时我们的想法就冒出来了："你怎么这么没有毅力呢？""你又想偷懒了啊！""你作业多，我工作也很多啊！"我们把注意力都放在了自己的感受和想法上，并没有关注到孩子话里深层次的意思。

当孩子说作业很多的时候，如果我们说："哦，我感觉到你想休息一下，对吗？"此时我们已经把关注点放在了孩子身上，孩子会感受到被关心和理解。这属于第二层次的聆听，**即不仅听懂了字面意思，还听懂了言外之意。**

而第三层次的聆听则是**孩子在说的同时，我们不仅听懂了，还能感受到他的情绪状态。**甚至有时候，孩子什么都没说，我们也能感觉到孩子的状态跟平常不一样。

"我感觉到你背上好像背着一座小山似的，你都喘不过气来了。"

即使孩子没有说出来，我们也能通过他们的表情、动作、情绪感知到他们的内心。如果我们能够理解孩子的感受，并倾听他们的故事，那么孩子会感激我们的关心，并更加愿意与我们分享。

但是，太多家长只是停留在第一层次的聆听上面，错过了很多与孩子同理共情的机会，也错过了深入倾听孩子内心的好时机。

我有一个好朋友分享了她和儿子之间的一次交流。当时儿子说要去打球。准备出发的时候，儿子突然说："我不想打球了。"妈妈一听这句话就很生气了，说："你怎么回事？你怎么做事总是坚持不了。"孩子听到这句话之后，很生气地说："都是你逼我的，我本来也没想学啊，我根本就不喜欢啊！"妈妈听了感到很委屈，说："我哪有逼你打球，是你自己选择的，我花了那么多心思，花了那么多钱在你打球这件事上，你怎么能这样对我呢？"

其实孩子说不想去打球，可能只是一时的情绪，他只是想要休息一下，放松一下自己的心情。这并不代表他准备彻底放弃打球。也许是由于我们一直把各种想法和情感都加在他身上，但我们没能疏导出我们自己的情绪，这些情绪也让孩子感受到压力，因而心情烦闷。

孩子们经常抱怨自己的父母，最常见的就是他们认为自己受到了妈妈的不公平待遇。

有一次深夜，我接到了一个男生的电话，他的语气异常激动。他说："老师，我想杀死全世界的人。"我听到之后，跟他说："我听到你很愤怒，你快要控制不了了。"他说："是的，我快要爆炸了。"然后我就问他："是什么让你这么愤怒的？"然后他向我倾诉，抱怨他的母亲不理解他，没有认真倾听他的心声，还误解了他的话。这让他十分烦恼。

当他说完后，我对他说："我突然感觉到你不仅对你的母亲有愤怒，好像对自己也有一股愤怒。这是我的感受。"他愣了一下，说："是的，我讨厌自己。我怎么就这样子了啊？我怎么就做不到呢？"然后我说："听上去，你好像还有几分内疚。"这个孩子突然平静下来，然后跟我说："是的，老师，其实我觉得自己很不好，我对不起妈妈。"于是我就安静地听他诉说，讲完之后他跟我说："老师，你是这个世界上唯一能听懂我的人。"然后我笑了，问他："其实你真正希望谁能懂你呢？"他说："我希望我妈妈能懂我。"

所以你看，很多孩子都非常努力地表达自己，希望父母能够倾听并理解他们。但是，作为家长的我们能否做到呢？